现代汉语评价性
V-起来句的论元实现

李睿 著

中国社会科学出版社

图书在版编目（CIP）数据

现代汉语评价性 V-起来句的论元实现 / 李睿著. —北京：中国社会科学出版社，2023.2
ISBN 978-7-5227-1214-7

Ⅰ. ①现… Ⅱ. ①李… Ⅲ. ①现代汉语—研究 Ⅳ. ①H109.4

中国国家版本馆 CIP 数据核字（2023）第 022176 号

出 版 人	赵剑英
责任编辑	李凯凯
责任校对	周 昊
责任印制	王 超

出　　版	中国社会科学出版社
社　　址	北京鼓楼西大街甲 158 号
邮　　编	100720
网　　址	http://www.csspw.cn
发 行 部	010-84083685
门 市 部	010-84029450
经　　销	新华书店及其他书店
印　　刷	北京明恒达印务有限公司
装　　订	廊坊市广阳区广增装订厂
版　　次	2023 年 2 月第 1 版
印　　次	2023 年 2 月第 1 次印刷
开　　本	710×1000　1/16
印　　张	14.5
插　　页	2
字　　数	202 千字
定　　价	79.00 元

凡购买中国社会科学出版社图书，如有质量问题请与本社营销中心联系调换
电话：010-84083683
版权所有　侵权必究

前　　言

　　评价性 V‐起来句是现代汉语中的常用句式。因为句子的主语常常表现出客体或受事的语义特征，所以学界多将它视为汉语中动句。实际上，所谓中动句的句法表征只是评价性 V‐起来句不及物式"N＋V‐起来＋AP"格式的一种表现。在这个格式中，N 不仅可以是客体或受事角色，还可以是施事、经事、工具、处所、方式、时间等诸多角色。除此之外，评价性 V‐起来句还可以表征为"V‐起来，N＋AP"格式，"N1＋V 起 N2 来＋AP"格式，"N2＋N1＋V‐起来＋AP"格式等。被称为"V‐起来中动句"的用法仅仅是评价性 V‐起来句的部分表现，而且汉语关于中动句的界定标准在学界也尚未达成一致，目前基本上是完全照搬英语中动句的特点来描述和解释。由此可见，这种以点概面、以偏概全的研究思路既无法全面地描写评价性 V‐起来句，也无法对评价性 V‐起来句所表现出的句法语义关系做出有说服力的解释和说明。从句法研究的角度看，评价性 V‐起来句有两个鲜明的特点：（1）句法格式多样化；（2）论元和动词的语义关系复杂化。这两个特点是相互关联的，句法格式的多样化造成了动词和论元之间句法语义对应关系的复杂化。具体而言，评价性 V‐起来句不但有一词多义、动词交替、非核心论元主语占位等论元实现研究中的普遍性困惑问题，而且评价性 V‐起来句的论元实现有"V 起 N 来"分裂格式、双主语非常规语序、形容词谓语论元实现等汉语专属问题。鉴于此，本研究提出从论元实现的角度重新审视评价性 V‐起来句，以动词为核心讨论评价性 V-起来句的句法语义对应关系。

　　论元实现问题是句法研究的核心问题之一，与之相关的理论众多，几乎所有主要的句法研究理论都涉及论元实现问题。但是，正如 Levin & Rappaport Hovav（2005）所指出的，完整的、有价值的论元实现理论不仅要有描写性和解释性，更要有可操作性。本研究以评价性 V-起来句为研究对象，以"论元实现"为落点，探讨句子所呈现出的句法语义关系。为了明确解析论元如何获得句法实现，支撑本书研究问题的理论体系具备鲜明的可操作性特征。正因如此，本研究采用了题元系统理论来阐释评价性 V-起来句的论元实现问题。题元系统理论属于生成语法学派，是 Reinhart（2000，2002）在最简主义原则指导下提出的特征驱动句法分析模型。题元系统理论坚持句法研究的模块观思想，强调论元实现是概念系统和运算系统（句法系统）分工合作的结果；坚持词汇主义的研究路径，强调动词语义的句法投射构建（生成）句法结构；坚持词库的重要性，强调运算系统不是生成的唯一来源，词库也可以进行运算操作。题元系统理论没有使用传统的题元角色，而是采用题元特征丛的方法来描写和定义动词的语义特征、解释动词的语义关系。更重要的是，题元系统理论提供了具体的题元操作（也称词汇操作）程序和合并指导原则，使得动词题元和论元的合并工作在题元系统中得以完成，并生成基本的论元结构。这种简洁的、可操作的推导程序既符合最简主义原则的基本要求，也符合本研究解读动词论元实现过程的具体要求。正是基于这样的理论优势，本研究采用题元系统理论来分析现代汉语评价性 V-起来句的句法语义关系，解释评价性 V-起来句的论元实现特点。

　　虽然可操作性是题元系统理论最突出的特点和优势，但是该理论本身并未对题元可操作的可行性问题做出明确的、进一步的解释和说明。鉴于此，本研究基于 UML 的一般规范，提出了类图模式的事件转换模型，用来解释和说明题元可操作具有可行性。动词是构建句法语义关系的关键，不同类别的动词会有不同的句法表征。决定动词类别的是动词的语义特征，确切地说是事件类型决定了动词的语义特征。事件的可变化性，造成了动词语义的动态变化；动态的动词语义会导致动词转类，进而表现为动词论元实现的灵活性。本研究认为，及物性、致使性、非作格性、作格性都是动词的语义特征，它们与不同的事件类型关联在一起。事件类型之间不是孤立的、离散的关系，它们的内部关联性是事件类型可改变的决定因素，当然也是动词转类的根本原因。根据事件转换模型，及物性事件和非作格事件之间表示的是整体和部分的聚合关系，这种关联关系为动词提供了及物性—非作格性以及非作格性—及物性转换的可能；及物性事件、致使事件、作格事件之间是表示父类和子类的继承关系，这种关联关系为动词的及物性（致使性）—作格性转换提供了理据。因为动词类别之间是可以转换的，动词的题元栅就具有了派生的依据，这样题元系统中具体的题元操作方法才具有了可能性和可行性。事件转换模型为题元操作提供了理据，所以事件转换模型可以被视为基于题元系统的语义解释模型。

题元系统和事件转换模型共同构建了本研究的理论框架。在题元系统的句法分析和事件转换模型的语义解释共同作用下，本研究通过推导评价性 V-起来句的论元实现过程和实现途径，旨在为讨论现代汉语论元实现问题，特别是非常规论元实现问题提供合理的解决方案，为探讨现代汉语句法语义对应关系提供可借鉴的研究思路。

目　　录

绪　论 …………………………………………………………（1）
　　第一节　研究对象 …………………………………………（2）
　　第二节　研究动因 …………………………………………（6）
　　第三节　研究问题 …………………………………………（10）
　　第四节　研究意义和创新点 ………………………………（11）
　　第五节　研究方法 …………………………………………（11）
　　第六节　相关术语界定 ……………………………………（12）
　　第七节　本书的篇章结构 …………………………………（14）

第一章　现代汉语评价性 V‐起来句的研究现状与不足 ……（16）
　　第一节　V‐起来格式 ………………………………………（16）
　　第二节　V‐起来中动句 ……………………………………（17）
　　第三节　V‐起来句谓词之争 ………………………………（23）
　　小　结 ………………………………………………………（31）

第二章　理论框架的构建 ……………………………………（32）
　　第一节　题元系统 …………………………………………（32）
　　第二节　事件转换模型 ……………………………………（78）
　　小　结 ………………………………………………………（98）

第三章　不及物式评价性V-起来句的论元实现 ………… （100）
　　第一节　语料事实 ……………………………………… （100）
　　第二节　动词分类 ……………………………………… （102）
　　第三节　题元编码 ……………………………………… （110）
　　第四节　体特征一致性原则 …………………………… （121）
　　第五节　动词论元实现过程 …………………………… （125）
　　小　结 …………………………………………………… （153）

第四章　感觉类动词评价性V-起来句的论元实现 ……… （156）
　　第一节　语料事实 ……………………………………… （156）
　　第二节　谓词问题 ……………………………………… （160）
　　第三节　N的论元实现 ………………………………… （170）
　　小　结 …………………………………………………… （177）

第五章　及物式评价性V-起来句的论元实现 …………… （179）
　　第一节　N1+V起N2来+AP格式 …………………… （179）
　　第二节　N2+N1+V-起来+AP格式 ………………… （191）
　　小　结 …………………………………………………… （199）

结　语 …………………………………………………………… （202）

参考文献 ………………………………………………………… （208）

后　记 …………………………………………………………… （220）

图表目录

图 2-1　LRS：非作格动词 Laugh 和非宾格动词 break 的区别 …… 37
图 2-2　题元系统 …………………………………………………… 46
图 2-3　及物—作格交替（第一语段句法） ……………………… 88
图 2-4　动词事件模块 ……………………………………………… 91
图 2-5　及物性与致使性的继承关联 ……………………………… 93
图 2-6　及物性与非及物性的聚合关联 …………………………… 94
图 2-7　及物性—致使性—作格性的继承关联 …………………… 96
图 2-8　事件转换模型 ……………………………………………… 96
图 5-1　V 起 N 来分裂式的句法解析 …………………………… 188

表 0-1　评价性 V-起来句式的类别和表征 ……………………… 5
表 2-1　theta 特征丛 ……………………………………………… 53
表 2-2　已标记题元特征丛（marked θ-clusters） ……………… 68
表 3-1　不及物式评价性 V-起来句中的动词类别统计数据 …… 101
表 3-2　形符数较高的动词 ………………………………………… 101
表 3-3　单音节动词分类结果 ……………………………………… 103
表 3-4　非作格性动词属性特征 …………………………………… 104
表 3-5　及物性动词属性特征 ……………………………………… 104
表 3-6　双音节动词分类结果 ……………………………………… 106
表 3-7　非作格性动词属性特征（修正版） ……………………… 107

表 3-8	致使性动词属性特征	108
表 3-9	作格性动词属性特征	109
表 3-10	单音节动词编码结果	111
表 3-11	双音节动词编码结果	116
表 4-1	不及物式评价性 V-起来句中的感觉类动词	157
表 4-2	感觉类动词的编码	157
表 4-3	AP 的类别	167
表 4-4	形容词特征编码	174
表 4-5	"看起来"形容词谓语句的论元实现	176
表 4-6	"听起来"形容词谓语句的论元实现	177
表 5-1	N1+V 起 N2 来+AP 格式的动词 V	180
表 5-2	N2+N1+V 起来+AP 格式的动词 V	191

绪　　论

　　动词是句子的核心,动词意义和句法结构的对应关系一直以来都是句法研究的重要课题之一。句法—语义对应关系（syntax and semantics correspondence）研究的实质是探讨动词意义如何获得句法实现。这个研究问题主要围绕着三个重要议题：第一,动词意义的哪些方面是关涉句法的,它们既能在句法和语义的相互作用中起关键作用,又能决定句法结构的表征；第二,关涉句法的动词意义以怎样的方式编码和传递语义信息,并且影响着句法关系；第三,关涉句法的动词意义通过怎样的操作与句法结构关联,并且使动词意义获得句法实现。三个议题的讨论都指向语义系统和句法系统的接口问题——论元实现（argument realization）。论元实现是具有句法和语义双重属性的研究问题,又是探究句法—语义对应关系的基础。现代汉语的句子,由于动词和名词没有格标记和屈折变化,所以句法—语义关系常常表现出不透明的特点。而且,相较英语,汉语主、宾语论元的句法实现比较灵活自由,常常表现出不受题元选择限制、不受论元结构制约的特点。由此造成了现代汉语句法中大量的非常规论元结构现象（non-canonical argument structure phenomena）。本研究将基于题元系统理论,以题元系统和事件转换模型为研究框架,解析现代汉语评价性 V-起来句的论元实现过程,旨在为现代汉语非常规论元的实现问题提供合理的解决方案,为探讨汉语句法语义对应关系提供有价值的研究思路。

第一节 研究对象

在现代汉语中，动作动词 V 可以和趋向动词"起来"构成复合动词 V-起来。由于"起来"的意义不同[①]，"V-起来"分为四类：(1) 表示空间上向上的趋向意义，这是"V-起来"的基本意义；(2) 表示动作或情况开始，并且在时间上延展、持续，这是"V-起来"的状态意义；(3) 表示动作的完成或者达到目的，这是"V-起来"的结果意义；(4) 表示估计或着眼于某一方面的描述、推测和评价，表达了说话者的看法和意愿，这是"V-起来"的评价意义。具体例示如下：

(1) a. 他从座位上默默站起来，一言不发地离开了。（趋向义）
    b. 一句话把屋子里的人引得大笑起来。（状态义）
    c. 经过艰苦卓绝的斗争，中国人民终于站起来了。（结果义）
    d. 这把刀用起来很顺手。（评价义）

本书的研究对象是（1d）这样由表示评价义的复合动词 V-起来构成的句式。与 V-起来复合动词的其他意义构成的句式相比，评价性 V-起来句式是由主语、谓词、补语三个不可或缺的成分组构而成的主谓结构句。评价性 V-起来句式在具体表达方式上表现出多样性和复杂性特点。根据谓词的句法特征，评价性 V-起来句可以具体表征为两种类型的句子：不及物式 V-起来句和及物式 V-起来句。

第一种类型的 V-起来句，谓语动词在句法上呈现出不及物动词

[①] 参见《现代汉语词典》（第七版），商务印书馆2016年版，第1030页。

的特征，主语是动词在句子中实现的唯一论元，补语的语义指向要么是主语，要么指向动词事件见例（2）。这个类型中还有一组比较特别的用法，V-起来和主语之间的关联不是非常紧密，补语的语义不指向V起来，仅仅指向句子的主语。大多数情况下，V-起来的位置比较自由，它可以出现在句中，也可以移动到句首，常常以插入语的形式和句子分隔开见例（3）。

(2) a. 他工作起来兢兢业业。
    b. 这种面包吃起来很松软。
    c. 公正廉洁执行起来不容易。
    d. 给净水机换滤芯说起来很简单。
    e. 这些曲子大量应用了民族民间音乐素材，演奏起来亲切、真挚、感人至深。
(3) a. 这件西服看起来很贵。
    a′. 看起来，这件西服很贵。
    b. 这个方案听起来最合理。
    b′. 听起来，这个方案最合理。

例（2）中的句子说明了这组的评价性V-起来句式有两个鲜明的特点：一个是谓语动词的不及物化，即不管V本身是否不及物动词，句式中的谓语动词V-起来统一表现为不及物动词的句法特征（无宾语）；另一个是主语的多样化，在例句中，主语依次分别是代词、名词、形容词短语、介词短语和主谓主语句。① 现代汉语的主语可以分为名词性主语和谓词性主语两类。一般情况下，句子的主语是由名词性成分充当的；当谓词性成分做主语时，由于它占据句法主语的位置，可以被视为名词化了的句法成分。在本研究中，句法主语被统一标记

---

① 袁毓林（2002：13）把这种主谓主语句论元称为超级论元（super argument）。

为 N，解释为名词性成分。在例（3）组的 V-起来句中，最常见的谓语中心词 V 是"看"和"听"这类感觉动词，偶见"尝、摸、闻、品"等动词。V-起来可以与句法主语构成类动宾结构，即比较松散的动宾结构，如（3a）中的主语"这件西服"可以是"看"的对象，也可以是"贵"描述的对象；（3b）中的"听方案"与"方案合理"相比，后者更符合语法习惯。比较而言，主语与形容词的语义更加相融，因为衣服贵不贵与"看"没有直接的关联，方案是否合理也不是"听"能决定的。这样，V-起来似乎可以被视为插入成分，原句也可转换为（3a′, 3b′）句的表达方式。汉语的谓语核心通常是动词性成分，但形容词性成分也可以单独做谓语，这一点与英语不同。如果 V-起来成为附加插入语，那么句式就有可能变成以形容词补语为谓核的形容词性谓语句。

第二种类型的 V-起来句，谓语动词在句法上呈现出及物动词的特征，主语、宾语齐全，动词的核心论元均在句子中得以实现，补语的语义指向动词事件。这个类型的 V-起来句式有两个格式，均表现出非常规性的特点，如：

(4) a. 他说起话来总是慢条斯理的。
　　a′. *他说话起来总是慢条斯理的。
　　b. 他吃起饭来狼吞虎咽，走起路来脚下生风，干起活来生龙活虎。
　　b′. *他吃饭起来狼吞虎咽，走路起来脚下生风，干活起来生龙活虎。
(5) a. 这个问题高才生解决起来很容易。
　　a′. 高才生解决起这个问题来很容易。
　　b. 这首小夜曲他演奏起来更加感人。
　　b′. 他演奏起这首小夜曲来更加感人。

在（4a，4b）中，及物动词 V 的宾语不能紧跟在谓语动词之后，必须放在谓语动词 V–起来的分裂格式"V 起 N 来"中，所以，"说起话来""吃起饭来"合乎语言习惯，改为"说话起来""吃饭起来①"则不可接受（如 4a′，4b′）。在（5a，5b）中，谓语动词的主语、宾语论元并列摆放在了主语位置，而且动词和论元的语义关系是受事/客体 + 施事 + 动词。如果将受事/客体论元调整到动词之后（如 5a′，5b′），它又必须放入谓语动词的分裂格式中（如 4a），否则句子不可接受。

综上所述，本研究关注的汉语评价性 V–起来句其实是一组形态相近的句丛（见表 0–1），其句法表征可以简单地形式化为"N + V–起来 + AP"。N 表示泛化的名词性成分作主语，AP 表示形容词性的补语成分。根据其句法表征的特点，评价性 V–起来句可以划分为不及物动词式和及物动词式两个类型。不及物动词式有两个子类：一类 V–起来在句子中位置固定；另一类 V–起来位置灵活，常常出现在句首，以插入语的方式与句子主体分开。及物动词式也有两个不同的格式：一种是 V–起来分裂格式；另一种是双主语 V–起来格式。评价性 V–起来句式的意义可以表述为：说话者基于客观事实、认知经验等直接或间接的证据，对 V–起来事件本身或者对事件的参与者进行带有主观色彩的描述、推测和评价。

表 0–1　　　　评价性 V–起来句式的类别和表征

类型	描述	句法表征	论元数目	V–起来的位置
一	不及物式 V–起来句	N + V–起来 + AP V–起来，N + AP	单论元	句中（固定） 句首（灵活）
二	及物式 V–起来句	N1 + V 起 N2 来 + AP N2 + N1 + V 起来 + AP	双论元	句中（固定）
概括	评价性 V–起来句	N + V–起来 + AP		

---

① 本书的所有讨论都是基于标准现代汉语，方言中的表达方式不在本书的研究之列。

第二节 研究动因

因为汉语缺乏形态变化,没有足够的屈折变化线索来推导动词与其名词性共现成分之间的句法和语义关系。汉语句子动词类别的确认更加依赖动词语义特征与动词句法表征的一致性关系,所以我们经常说汉语是偏重意合的语言。具体到本研究关注的语言现象,我们发现在不及物动词式的评价性 V–起来句中,动词的外部句法表征与内部词汇语义特征之间的一致性程度较低。动词的论元,尤其是主语论元,语义特征多样化,动词表现出鲜明的形同而质异的特点,如:

(6) a. 这篇文章读起来耐人寻味。
    b. 这种苹果吃起来脆甜爽口。
    c. 山路开起来非常辛苦。
    d. 雨天开起来很危险。
    e. 这种钢笔写起来很流畅。
    f. 她学习起来十分投入。
    g. 这项调查完成起来很困难。

例(6)中的每个谓语动词在句法上都表现出不及物动词的典型特征,但是观察动词的主语,我们发现带有不同语义角色的动词论元都可以填充到这个语法位置(如:施事、受事、客体、处所、时间等),因此很难直接依据句法表现断定动词的类别。事实上,在(6f)中施事主语的不及物动词是非作格性的(unergative),也称非作格动词或纯不及物动词;(6a, 6g)中客体主语的不及物动词是非宾格性的(unaccusative),即非宾格动词;在(6b)中受事主语的不及物动词则是及物—不及物交替性的(ambitransitive),在根本上它是及物动词。至于具有旁格语义角色的主语(6c, 6d, 6e),它们都是动词的非核心论元。在语义上它们不是由动词选择的，与动词的关系极为疏松，因此，动词本身可以是及物动词也可以是不及物动词。可能由于某种词汇操作或者句法操作导致它们在句式中统一地表现为不及物动词。由此可见，不及物动词式评价性 V – 起来句中的动词在本质上并不相同，所以，在汉语的这个句式中，具有不及物动词句法表征的动词本身并不一定就是不及物动词。随之而来的问题是，类别不同的动词是如何被统一在同一个结构式中呈现出不及物动词的句法特征来？

以上是不同动词在评价性 V – 起来句中的表现，那么同一个动词在评价性 V – 起来句式中的表现又如何，见下例：

(7) a. 食堂吃起来很方便。
　　b. 臭豆腐闻起来臭，吃起来香。
　　c. 他吃起饭来狼吞虎咽。

虽然谓语动词都是"吃"，但是从句法表征上看，(7a，7b) 是不及物动词句，(7c) 是及物动词句。从语义关系上看，(7a) 中动词的唯一论元是处所角色，属于动词的非核心论元；(7b) 中动词的唯一论元却是客体角色，它是动词的内部论元，属于核心论元；(7c) 中的"吃"是及物动词，它的两个核心论元分别是施事和客体，并且核心论元在句法中正常实现为主语和宾语，唯一的非常规性表现在动词的分裂格式上。这样，"吃"在 (7a) 中可能是及物动词也可能是不及物动词，在 (7b) 中是及物—不及物交替动词，在 (7c) 中是及物动词。同一个动词在相同的句式中有三种句法表达方式，传递三种语义关系，这是典型的一词多义（polysemy）问题。那么，在论元实现中，该动词究竟是有三个独立的类别呢，还是只有一个类别？如果动词有三个类别，不同类别之间如何做到泾渭分明？如果动词只有一个类别，那么哪种表征是基础的，哪种表征又是派生的，基础类别和派生类别之间又有怎样的内在关系？

论元结构中有核心论元（core argument）和非核心论元（non-core argument）之分（袁毓林 2002；Pylkkänen 2008；孙天琦，李亚非 2010；Huang 等，2013）。谓语动词根据题元栅选择并指派了语义角色的名词性成分是核心论元，反之，与谓语动词之间没有语义选择关系的名词性成分是非核心论元。通常，核心论元占据句子的主、宾语位置；非核心论元是附加成分，属于动词的外围论元。然而，我们发现在不及物式的汉语评价性 V-起来句中，句子的主语经常表现出不受动词语义选择限制的特征，非核心论元可以占据常规核心论元的语法位置。如：

(8) c. 山路开起来非常辛苦。
  d. 雨天开起来很危险。
  e. 这种钢笔写起来很流畅。
(9) a. 细毛线织起来更容易。
  b. 大碗吃起来才过瘾。

  例示（8c，8d，8e）中主语的语义角色分别是处所、时间和工具，(9a，9b) 中主语的语义角色是材料和方式。很显然，占据句子主语位置的都是外围论元，它们并不对应于动词常规指派给主语的语义角色。如果这些主语成分不受动词题元选择的限制，那么它们还是动词的论元吗？什么样的原因使得评价性 V-起来句式的主语有语义角色选择的自由度？

  对于缺乏形态变化的汉语，语序是非常重要的语法手段。语法研究一定要区分句法语序、语义语序和语用语序（范晓 2001a，2001b）。句法语序是句子结构中各语法成分的位置次序；语义语序与谓语动词密切相关，指动词论元实现时语义角色的排列次序；语用语序则是指话题和述题的排列顺序。在句法研究中三种语序既各自独立又相互关联。常规情况下，句法语序①是主—谓—宾，主—谓—补等；语义语序是施—动—受，受/客—动等；语用语序是话题—述题。但是，在汉语及物式评价性 V-起来句中，句法语序和语义语序都表现出非常规性的特征。例如：

（10） a. 她干起活来十分卖力。
　　　 b. 他说起话来扭扭捏捏的。
　　　 c. 这个问题专业人士回答起来非常容易。
　　　 d. 这条裙子她穿起来特别漂亮。

在（10a，10b）中，及物动词结构"她干活，他说话"符合常规句法语序，但是"干活、说话"这样的动宾结构进入评价性 V-起来句后，不能是"干活起来，说话起来"这样的顺序，必须被拆分为"干起活来，说起话来"，否则不可接受。V-起来的分裂格式是非常规句法语序，但是最符合表达要求。再来看（10c，10d），这两个句子都是双主语，句法语序依然是常规的主—谓—补次序，但是动词论元的语义语序却是受—施—动，违反了语义角色的层级序列。在施、受同现的语义结构中，施事的显著度高于受事，施事在前受事在后。既然施事角色已经指派给句法位置最高的主语，受事论元就不能越过施事论元，而本例中的情况不符合及物动词的常规语义顺序。如果把受事"这个问题，这条裙子"还原为常规的施—动—受次序，句子就得分别修改为"专业人士回答起这个问题来非常容易""她穿起这条裙子来非常漂亮"，句法语序又变成了非常规的分裂格式。这也就是说，在及物式的评价性 V-起来句中，要么保证句法语序是常规的，要么保证语义语序是常规的，二者不能兼得。这就需要解释，为什么

---

① 句法语序是依据句子结构设定的，在不同的语言中，因其句法结构不同，所以默认的常规语序也不相同。本书提到的句法语序非常规问题是针对汉语句子而言的。

在该句式中常规句法语序和常规语义语序不能对应？

鉴于以上讨论，本研究认为有必要以论元实现为切入点，重新审视汉语评价性 V-起来句式的句法—语义关系，并就该句式在论元实现过程中呈现出的动词类别确认问题，动词交替问题、一词多义问题，非核心论元的主语实现问题，双论元非常规语序问题等一一做出解释说明。

第三节　研究问题

本研究将以具体问题为导向，通过解析现代汉语评价性 V-起来句式的论元实现过程，探讨现代汉语句法中动词语义和句法结构相互关系的特点，并解释这种特点形成原因。具体研究问题如下：

第一，不及物式评价性 V-起来句如何构建同形异质的句法—语义关系？

第二，及物式评价性 V-起来句的核心论元（主、宾语论元）为什么必须实现为非常规的分裂格式或者双主语格式？

第三，在 V-起来可作插入语的评价性句中，主语 N 究竟是 V-起来的论元还是 AP 的论元？

以上三个具体研究问题讨论的是现代汉语评价性 V-起来句的专属问题，但是，在本质上这些问题探讨了句法研究中谓语（特别是动词）意义如何获得句法实现的普遍问题。具体而言，第一个研究问题探讨的是究竟怎样的内联关系和操作过程才能使得不同类别的动词可以有效地统一在不及物动词的句法表征下，这涉及句法研究中一词多义、动词交替现象、非核心论元的主语占位等论元实现的共性问题；第二个研究问题讨论如何解读现代汉语非常规句式所表现出的形义不匹配现象，具体解析非常规的句法语序和语义语序的根源是否依然是动词？怎样的及物动词可以进入这一非常规句式中？怎样的动词语义特征才能允准这类非常规的论元实现？第三个研究问题聚焦谓词的判断。如果主语 N 是形容词谓词 AP 的论元，那么它的实现方式是否与谓语动词 V－起来的论元实现一样？如果主语 N 是动词谓语 V－起来的论元，那么如何处理 AP 对 N 的语义指向？这些问题体现了现代汉语主语句和主题句之争。

第四节 研究意义和创新点

论元实现研究是探究动词语义和句法结构之间对应关系的中心课题。对于汉语而言，动词缺乏形态变化的特点，论元实现常常表现出不受动词语义限制的特点，都使得汉语句法语义关系表现出复杂性、多样性、不透明性等特点。本研究将以题元系统为句法分析模型，以事件转换模型为语义解释基础，通过解析汉语评价性 V－起来句的论元实现过程，解决汉语论元实现的具体问题，探讨汉语论元实现研究的新思路。

本研究的创新点主要表现在以下几个方面：

（1）尝试用题元系统理论来解释汉语句法问题，旨在为研究汉语论元实现问题提供一种新的解决方案。

（2）参考统一建模语言（UML）的一般规范，构建了类图模式的事件转换模型，一方面解释和说明题元系统的词汇操作具有可行性，另一方面为动词转类提供理论依据，进而为论元实现问题提供基于事件的语义解释。

（3）基于汉语专属的论元实现问题，参考题元系统理论的题元特征分解法，提出了汉语形容词谓语句论元实现的分析模型，这可以视为对题元系统理论的拓展。

第五节 研究方法

本研究从论元实现理论为研究背景，基于题元系统理论，构建以题元系统为句法分析模型和以事件转换模型为语义解析模型的研究框架，一方面以具体问题为导向，对汉语评价性 V–起来句反映出的论元实现问题做出统一解释，另一方面也在分析和解释具体问题的过程中，验证题元系统理论对汉语句法问题（尤其是论元实现问题）的解释力，同时验证事件转换模型语义解释的可靠性和有效性。本研究践行了基于理论（自上而下）和基于用法（自下而上）相结合的研究方法。

第六节　相关术语界定

一　题元和论元

题元又称题元角色或语义角色，它是动词题元栅的基本概念，表达的是动词规约化的、和语法相关的语义特征。因此，题元属于语义层面的术语。汉语文献中，题元角色常被翻译为论旨角色。论元是句法结构中承载了题元角色的名词性成分，论元具有句法位置，因此，论元属于句法层面的术语，动词论元具有语义和句法的双重属性特征。本研究涉及题元与论元的合并问题，因此二者要区分开来。

二　题元结构、事件结构、论元结构

题元结构又称题元栅，它是动词词汇语义的概念表征形式，题元栅内有题元角色的数量和类型。事件结构是由动词和相关事件参与者共同构建的，反映的是动词和事件参与者之间的语义关系。在事件结构的相关研究中，事件概念的表征方式大致有逻辑算子表征、谓词分解表征、认知图式表征等不同的方式（参见 Croft 2012）。事件结构反映的是动词的事件语义信息。因此，完整的动词语义应该包括词汇语义和事件语义两个方面。

论元结构指论元在句法上形成的论元分布表征，在论元结构中有动词的内部论元和外部论元的区分，它们都与动词有紧密的语义和句

法关系，通常被称为动词的核心论元。句子中与动词句法语义关系疏松的名词性成分也可被视为论元，由于它们不是被动词选择的，通常被称为旁格论元、外围论元或者非核心论元。论元结构是动词语义在句法中的呈现结果，论元结构体现了动词语义的句法实现。

三 论元实现

论元实现问题指谓词（尤其是动词）论元可能的句法表现。论元实现的本质是句法语义的对应关系以及二者之间的连接机制，因此，论元实现被认为是句法—语义关系研究中的重要课题。论元实现作为术语是 Levin & Rappaport Hovav（2005：3）总结前人在此领域的研究成果后提出的。在论元实现术语提出之前，广泛使用的相关术语都与连接（linking）有关，这是因为 Carter[①]（1988：3）首次使用"连接规则（Linking Regularities）"解释了动词论元的句法范畴和语法关系。Cater 的连接观与基于管约论（Chomsky 1981，1986）的词汇投射观非常类似。另外，Croft 基于事件结构对术语"论元实现"做了进一步解释，他指出："论元实现是事件参与者表达为谓词语法论元的过程，涉及事件结构、参与者角色、参与者角色层级以及映射规则等具体内容。"（2012：173）本研究使用的术语"论元实现"，将遵循 Levin & Rappaport Hovav（2005）和 Croft（2012）对它的定义及解释。

四 及物动词和及物性动词

动词如果根据其句法表征分类，只有及物动词和不及物动词两类，二者最大的句法特征差异是，及物动词是带宾语的，而不及物动词无宾语。动词如果根据其语义特征分类，只能用及物性、作格性、非作格性、致使性等动词与句法相关的语义属性来划分。动词句法表征分

[①] 术语 Linking Regularities 出自 Levin & Tenny（1988）编著的 Richard Carter 的论文集第一篇 *Some Linking Regularities*（1988：1-92），这篇文章其实完成于 1976 年，至编入文集才正式发表。

类的结果和语义属性分类的结果有时并不能对应，所以及物性动词不一定有及物动词的句法表征，而不及物动词有可能是及物性动词的变化结果。正因如此，在本研究中，涉及及物动词和不及物动词的称谓，一定是关乎句法特征的；如果要讨论动词的语义属性，一定会用到及物性动词等说法。二者的区分非常重要。

第七节　本书的篇章结构

本书共分七个部分。

绪论部分，介绍本书的研究对象、研究动因、研究问题、研究方法、研究意义及创新点。还包括相关术语界定和全书结构安排。

第一章为文献综述部分，回顾和梳理汉语评价性 V – 起来句的相关研究及成果和发现。分析已有研究的优缺点，并基于此提出本书的研究思路和解决方案。

第二章是本书的理论框架部分，包括题元系统理论和事件转换模型。题元系统理论是生成语法学派基于最简原则提出的一种特征驱动句法分析模型。题元系统理论坚持语法模块论、坚持词汇主义立场，以题元系统作为概念系统和句法运算系统的接口，以特征编码的方式定义动词题元，采用可操作的题元运算（词汇运算）程序，将句法构建过程分解为前句法运算阶段和句法运算阶段。题元可操作性是题元系统理论最突出的理论优势，但是理论本身并未对题元可操作的原因做出明确解释。实际上，题元可操作涉及动词语义和动词类别之间内在关联性。为了保障题元操作的有效性和可行性，本研究参考 UML 类图规范，提出了动词事件转换模型，旨在说明题元可操作的基础是动词事件的可调变性以及动词类别的可转换性。除此之外，本章还就学者质疑的题元系统理论本身的其他问题做出了尝试性的解释。尽管题元系统理论还存在有待解决的问题，但是这并不影响它为论元实现问题提供有价值的解决方案。本研究将基于题元系统理论解决汉语评价性V-起来句的论元实现问题,并验证它对汉语这样论元实现较为灵活的语言的阐释力。

本书的第三章、第四章、第五章是对题元系统理论和事件转换模型的具体应用部分。通过题元系统理论,尤其是题元操作程序,推导现代汉语评价性V-起来句不同句式的论元实现过程,解读动词和句法结构关联的机制,验证题元系统理论对汉语论元实现问题的解释力,检测本研究提出的事件转换模型对汉语论元实现问题解析的可行性。具体而言,第三章通过论元实现推导,解析不及物动词式评价性V-起来句如何构建同形异质的句法语义关系,尤其关注不同类别的动词如何有效地被统一为不及物动词的句法表征。第四章从谓词分析入手,讨论由感觉类动词构建的评价性V-起来句中,谓词究竟是V-起来还是AP,N究竟是V-起来的论元还是AP的论元;同时探讨句式能否从论元实现视角获得合理的解释。第五章通过解析及物动词式评价性V-起来句论元实现的过程,着重讨论该句式的两种格式表现出的非常规句法语序和语义语序形成的根本原因。

结语是对全文内容的总结部分,综述研究发现,提出不足和改进空间。

第一章　现代汉语评价性 V – 起来句的研究现状与不足

在本研究可触及的资料范围内，现代汉语评价性 V – 起来句的相关研究主要集中在三个方面：第一，关于 V – 起来格式的研究；第二，评价性 V – 起来句作为汉语中动句的研究；第三，评价性 V – 起来句引发的谓词争论。本章我们将对评价性 V – 起来句这三个方面的研究进行梳理，并且指出相关研究的不足和问题，以便为进一步研究提出更合理的路径和方案。

第一节　V – 起来格式

早期的相关研究中，评价性 V – 起来句没有被作为句法格式进行讨论和说明，研究者只是在研究动词"起来"的用法时提出，V – 起来格式中的"起来"是虚化了的趋向动词，它可以作为 V 的补语。失去趋向意义的"起来"在 V – 起来格式中有诸多的引申意义。大多数情况下，V – 起来与由趋向动词"上去"构成的 V – 上去格式做对比研究（宋玉柱，1980；吕叔湘，1980；刘月华等，1998；房玉清，2001 等）。宋玉柱（1980）把"他说起话来声音有些沙哑"这种句子中的 V – 起来格式定义为状语。他只是简单地描述了这样的语言现象，并没有对 V – 起来在句子中的语义关系和句法特点进行分析。吕叔湘（1980）把 V – 起来格式解释为插入语，它通常放在句首的位置，表示估计或者着眼于某一方面的意思，V-起来格式中最常见的动词是"看、算、论"等。刘月华等（1998）在总结趋向动词的句法语义特征时，认为可以进入V-起来结构的只有"看、想、听、算"等几个有限的动词，由它们构成的V-起来结构常常和V（看）上去、V（看）来等归为一类，表示某人的看法、说明和评论，或者表示估计、从某方面观察。V-起来结构在他们的研究中一般被视为熟语，熟语属于特殊类型的句法成分，所以关于它们的描述都是独立于句法结构的。房玉清（2001）在列举趋向动词"起来"和"上去"的相关用法时候指出，当动词"吃、看、摸"等与"起来"一起构成V-起来复合动词时，V-起来表示从某种感觉做出估计和判断。除了列出V-起来复合动词，他还提到了"V-起来+后续成分（动词短语/形容词短语/小句）"的句法格式，并对这种句法格式做了分类描述。其实，他列出的格式几乎就是评价性V-起来句，但是非常遗憾，他的研究止步于描述，并没有对所罗列句式的动词语义和句法结构之间的关系进行深入探讨。

针对V-起来格式的研究主要集中在对"起来"作为趋向补语的引申意义的说明，研究方法大多是基于分类、举例的语言事实描述。虽然"起来"的趋向意义在评价性V-起来格式中已经虚化，但是相关研究并没有对这种特殊谓词所表现出的句法—语义关系做出进一步的解释和说明。

第二节　V-起来中动句

V-起来句作为特殊句式引起学界的关注源于汉语中动句概念的提出。Sung（1994）和宋国明（1997）认为，现代汉语表达评价意义的"NP+V-起来+AP"句式在句法和语义上与英语中动句"NP+VP+AP"有近乎相同的表现，例如：

(1) a. This bread slices easily.
    b. The car drives fast.
    c. The book sells well.
(2) a. 毛笔用起来不方便。
    b. 法文学起来很容易。　　　　　　　（Sung 1994：39）
    c. 大年夜国际长途打起来不容易。
    d. 这么小的孩子带起来挺费事。　　　（宋国明 1997：296）

　　来看例（1）中的英语句子，首先，主语论元 NP（this bread/the car/the book）都是限定性的，NP 是句子的唯一论元，与谓语动词 VP（slice/drive/sell）之间是受动关系。虽然受事论元是句法主语，但是谓语动词 VP 并没有采用被动形式（passive form），仍然用主动形式（active form）来表达。这种非常规的句法形态使得原本及物性的谓语动词呈现出非及物动词的句法特征（无宾语）；其次，句式中带有隐含施事，隐含施事具有任指性或泛指性的语义特征，而且隐含施事一般无法在句子中获得语法位置；再次，由于该句式具有情态性、非行为事件性的语义特征，句子的时体表达受限，谓语动词 VP 常用一般现在时表达；最后，谓语动词之后必须带有表示评价意义的副词性修饰语（easily/fast/well）[①]，否则句意不完整，句子不可接受。所以，例（1）中的句子，在句法上表现出主动形态，在语义上体现着被动关系，句式主要表达说话人的主观评估或推断。这种"主动形式表示被动意义"的句式是英语主动句和被动句之间的中间状态，无法在主动、被动的二分语态框架内获得合理的解释，因此需要区别对待，被

[①] 非典型的英语中动句的副词修饰语或可省略（取决于语境），或者使用强调词 do、情态动词、否定词、量化词来替代副词性修饰语，例如：
The design of the clothes was so bad. But they sell.（COCA, Corpus of Contemporary American English）
Chickens do kill.（Roberts 1987：233）
Chickens might kill.（ibid.）/ Chickens won't kill.（ibid.）/ Any chickens kill.（ibid.）

视为独立的句子结构加以研究和探讨。Keyser & Roper（1984）将此句式命名为英语中动句（English Middle Construction）。

再来看例（2）中的汉语句子，Sung（1994）和宋国明（1997）指出，这些句子的句法语义特征与英语中动句完全对应。就句法表征而言，汉语"NP + V - 起来 + AP"句与英语"NP + VP + AP"句式几乎同构。在构句成分上，二者的契合度也非常高。汉语句子的主语（如"毛笔、法文、国际长途、这么小的孩子"）都是有定的（类指或特指）名词性短语 NP；句子的谓语动词都是主动的动作动词，区别在于汉语中使用的是复合动词（如"用起来、学起来、打起来、带起来"），而英语中是光杆动词；句子都需要强制性的状语修饰语，区别在于汉语中修饰语是形容词性的（如"方便、容易、费事"），而英语中是副词性的。就语义关系而言，"用毛笔"，"学法文"，"打长途"和"带孩子"这些动宾短语进入"NP + V - 起来 + AP"句式后，原来的动词宾语成为谓语动词的受事主语，但是句子结构并没有任何的被动标志。与英语中动句一样，这些汉语句子的主语 NP 与谓语动词 V - 起来之间是受动关系。另外，汉语句子中也有未获得句法实现的隐形施事，隐形施事常具有任指性，可表达为"对大多数人而言"。就句式的体特征而言，虽然汉语"NP + V - 起来 + AP"句的谓核 V 是动作性的，但是 V 与起来构成的复合谓词动词V - 起来表达的却是非动作性的动词事件。所以，V - 起来句同英语中动句一样表达的也是非动作事件，句子不带任何时、体特征助词。最后，汉语"NP + V - 起来 + AP"句也具有情态性、属性归因性的特征，表达带有主观色彩的评价意义。

基于以上分析，Sung（1994）和宋国明（1997）认为汉语"NP + V - 起来 + AP"句与英语中动句"NP + VP + AP"共享了句法、语义、句式意等多方面的特征属性。如此的高度对应性使得汉语"NP + V - 起来 + AP"句完全可以类比英语中动句。所以，"NP + V - 起来 + AP"句被视为典型的汉语中动句（Chinese Middle Construction），"起来"

是"中动"标记（middle-*qilai*），"V起来"是中动词（middle verb）。

自从"汉语中动句"的概念提出后，"NP + V - 起来 + AP"句在学界的关注度和热度逐渐上升，冠以"中动"的相关研究不断涌现。比如，汉语中动结构研究（戴曼纯，2001；曹宏，2004a，2004b，2004c，2005a，2005b；何文忠，2004，2005，2007a，2007b，2007c；高秀雪，2011），汉语中间结构研究（高兴刚，2000，2001；韩景泉，2003；司惠文、余光武，2005；司惠文，2008；余光武、司惠文，2008），汉语中动语态句式研究（古川裕，2005），汉语中间语态句研究（程星华、董晓云，2004）等。在这些冠以"中动"的研究中，英汉对比研究占绝对优势，以认知阐释研究为主（何文忠，2004，2007a；许艾明，2004，2006；豆涛、邵志洪，2010；李炎燕，2011；杨佑文，2011；付岩，2012；孙翠兰，2014 等），以生成推导为辅（高兴刚，2001，2000；韩景泉，2003；韩景泉、何建珍，2004；周晓言、高腾，2007 等）。研究对象都是汉语"NP + V - 起来 + AP"句，研究目的就是证明该句式是汉语的中动句。虽然学界对汉语中动句的界定还没有达成共识，关于"V - 起来"的中动词类别和性质也未得到有效证明，但是以"NP + V - 起来 + AP"句作为汉语中动句的研究却方兴未艾。在汉语"NP + V - 起来 + AP"句被默认为中动句的研究背景下，还是有学者提出了不同意见。他们或反对用舶来的"中动"来命名汉语"NP + V - 起来 + AP"句（见殷树林，2006a、2006b；宋红梅，2008），或直接否认汉语中存在中动句，认为这是比附英语研究的典型案例（见严辰松，2011）。

汉语"NP + V - 起来 + AP"句被视为中动句的主要原因在于它在句法和语义的许多方面可以类比英语中动句。大多数文献对汉语V - 起来句是汉语中动词句的描述主要基于以下三个方面：

第一，就整体的句法表征而言，汉语"NP + V - 起来 + AP"句与英语"NP + VP + AP"句式几乎同构。就构句成分而言，二者的契合度也非常高。句子的主语 NP 都是限定性的（特指或类指）名词性短语；句子的谓语动词，特别是谓核 V，都是主动的动作动词，区别在于汉语中谓语动词是复合动词，而英语中谓词是光杆动词；句子都需要强制性状语来修饰动词，区别在于汉语中是形容词性的，英语中是副词性的，如：

(3) a. 这台机器操作起来很容易。
　　b. 毛笔用起来不方便。
　　c. The window opens easily.
　　d. The pen writes well.

第二，就句子的语义关系而言，汉语"NP + V – 起来 + AP"句与英语中动句一样，主语 NP 和谓语动词 V – 起来之间是受动关系。NP 常见的语义角色是客体或受事，有时 NP 也可以是工具、处所、方式等，总之是 NP 非施事性的，而且，句子有未获得句法实现的隐形施事，隐形施事常具有任指性。隐形施事或许可以通过"对……而言"的方式实现，这点类似 Stroik（1992）为英语中动句添加"to oneself/for sb"引出任指性的隐形施事。

(4) a. （对大多数人而言），这件事做起来很费神。
　　b. （对语言老师而言），语言学课教起来不容易。
　　c. Letters to oneself compose quickly.（Stroik 1992：129）
　　d. That book read quickly for Mary.（Stroik 1992：131）

第三，就句式意义而言，同英语中动句一样，汉语"NP + V – 起来 + AP"句的谓语动词是动作性的，但是表达的却是状态性的动词事件，所以 V – 起来句也没有表示界限的体特征，句子也不与确定的时间关联。另外，汉语"NP + V – 起来 + AP"句也具有属性归因性的特征，句式对事物所具有的属性特征进行描述和评价。

(5) a. 奔驰车开起来很快。
　　b. 童话故事读起来很容易。
　　c. 官僚们贿赂起来很容易。

基于以上分析，汉语"NP + V – 起来 + AP"句与英语中动句共享了句法、语义、句式意等多方面的特征属性。就是因为有这样的高度对应性，汉语"NP + V – 起来 + AP"句和英语中动句之间具有了可能的类比性，所以支持中动说的学者将"NP + V – 起来 + AP"句描述为典型的汉语中动句。

但是，本研究认为，英语中动句是因其特殊的形义关系而引起学术界关注的，它最突出的是"主动形式表达被动意义"的句法语义特征，然而，这个特征在汉语"NP + V – 起来 + AP"句中其实并不鲜明。首先，汉语没有语态的概念，汉语也没有格标记和屈折变化，所以汉语句子中的谓语动词无主动和被动的形态变化，而且汉语的主、被动意义常常不能从句法表征上直接获得；其次，英语中动句的语义关系是受动，而实际语料显示，在汉语"NP + V – 起来 + AP"句中，主语 NP 的语义特征远不止受事或客体，诸如施事、处所、方式、时间等均可以与主语论元合并，如：

(6) a. 他跑起来风一样。
　　b. 博士点跑起来相当难。
　　c. 山路跑起来非常不易。
　　d. 雨天跑起来有点儿危险。

事实上，当施事（如6a）可以进入这个句式就已经打破了它的中动特征。再者，任指性隐形施事是英语中动句的重要特征，把汉语"NP + V – 起来 + AP"句视为中动句的研究都赞成这个标准，甚至强调汉语"NP + V – 起来 + AP"句的句式意义就是"由于 NP 的内在属性，使得任何人在 V NP 时，都要以 AP 状态或方式发生"（付岩，2012：73）。而且，任指性的隐形施事可以通过附加语"对……而言"获得句法实现。但是，例（7）中的句子完全可以修改为以下不同的表达方式：

(7) a.（对大多数人而言），这件事做起来很费神。
　　a′.（对小明而言），这件事做起来很费神。
　　b.（对大多数英语老师而言），语言学课教起来不容易。
　　b′.（对我而言），语言学课教起来不容易。

如果任指性隐形施事是重要的中动句指标，那么可修改为确指性的隐形施事（如 7a′和 7b′中的"小明、我"）又一次否定了汉语"NP + V - 起来 + AP"句的中动特征。如此说来，基于英语中动句的特征来判断汉语中动句并不十分可靠。虽然一部分汉语"NP + V - 起来 + AP"句的确有类似于英语中动句的句法语义表现，但是据此认为具有"NP + V - 起来 + AP"表征方式的汉语句子就是汉语中动句的解释还有待于进一步商榷。

第三节　V - 起来句谓词之争

由于汉语的形容词性成分可以独立做谓语，学界有将评价性V - 起来句作为形容词谓语句研究的观点，认为评价性V - 起来句真正的谓词是形容词性成分 AP，V - 起来要么是谓语的状语修饰成分（如：Ji，1995；曹宏，2004c，2005b；殷树林，2006a，2006b；宋红梅，2008；王和玉、温宾利，2015 等），要么是灵活的插入成分（如：吕叔湘，1980；古川裕，2005 等）

将形容词性成分 AP 视为评价性V - 起来句的谓语研究主要源于句子 AP 的语义指向问题。王和玉、温宾利（2015）指出，如果V - 起来作为谓词，V-起来和AP就构成了动补结构，AP在语义上就要指向V-起来事件，但是，语料显示AP亦可指向主语NP。这就造成了在实际句法分析中，很难有效区分AP的语义指向到底是主语NP还是V-起来事件。例如：

(8) a. 这篇文章读起来耐人寻味。
　　b. 这种收音机携带起来很方便。
　　c. 法语学起来很难。

在 (8a) 中，AP"耐人寻味"显然是指向NP"这篇文章"的，在 (8b) 中AP"方便"肯定是修饰"携带起来"事件的。但是，在 (8c) 中很难区分AP"难"究竟是指NP"法语"本身，还是指"学法语"事件。这种歧义显然在动补结构中无法获得合理的解释。熊仲儒 (2014) 提出或许可以通过V-起来能否前移操作来判断AP的语义指向。他指出，当V-起来可以从句子中移出并移至句首时，AP在语义上一定是指向主语的；当V-起来无法前移操作时，AP在语义上一定是指向V-起来事件的。V-起来能否移动，怎样移动可以体现在它们的D-结构中：

(9) a. [CP [IP [vp [这篇文章]$_i$ [v' [v 读起来]
　　　　 [CP Pro$_i$ 很耐人寻味]]]]]
　　b. [CP [IP [vp [这种收音机] [v' [v 携带$_i$起来]
　　　　 [CP Event$_i$ 很方便]]]]]
　　c. [CP [IP [vp [法语]$_i$ [v' [v 学起来]
　　　　 [CP Pro$_i$ 很难]]]]]
　　　　 [CP [IP [vp [法语] [v' [v 学$_i$起来]
　　　　 [CP Event$_i$ 很难]]]]]

第一章　现代汉语评价性 V-起来句的研究现状与不足　◀◀◀　25

在（9a）中，Pro 与"这篇文章"同指，"很耐人寻味"在语义上指向"这篇文章"，也指向 Pro。Pro 与"很耐人寻味"构成话题句，Pro 占据话题位置（即 CP 的指示语位置），意味着"这篇文章"亦可以作为话题，这时，V-起来被移出，甚至可以省略。在（9b）中，"很方便"在语义上指向动词事件，携带事件与"很方便"构成话题关系，这样 V-起来就不能被移出。但是，这两种解释都适用于（9c）。另外，当V-起来位置不变时，"这篇文章"，"这种收音机"，"法语"都可位于 VP 的指示语位置，所以它们可以提升到主语位置，即 IP 的指示语位置，甚至提升到话题位置。以上解释可以反映在例（10）中：

（10）a. 这篇文章读起来耐人寻味。
　　　　 读起来这篇文章耐人寻味。
　　　　 这篇文章耐人寻味。
　　　b. 这种收音机携带起来很方便。
　　　　 *携带起来这种收音机很方便。
　　　　 这种收音机很方便携带。
　　　　 携带这种收音机很方便。
　　　c. 法语学起来很难。
　　　　 *学起来法语很难。
　　　　 法语很难。
　　　　 法语很难学

（10a）例句说明，"读起来"不但可以移位，还可以省略，"读起来"不会改变 AP"耐人寻味"对 NP"这篇文章"的指向。在（10b）中的"携带起来"不能移位，更不能省略，AP"方便"可以修饰 V"携带"并构成状中结构，所以 AP"方便"是指向"携带"事件的。但是，移位测试对于（10c）的效果依旧不明显，如果"学起来"移位到句首，或者省略，AP"难"指向NP"法语"句成立；如果"学起来"不移位，AP"难"修饰"学"也可构成状中结构，AP指向动词事件依然成立。

为了解决AP语义指向的难题，曹宏（2004c，2005b）指出，V-起来在语义上相当于时间状语或条件状语，可以解释为"当……的时候"或者"在……的情况下"，用来修饰形容词性谓词AP，V-起来和AP构成状中结构。这样，在评价性V-起来句中，"V-起来+AP"是谓语结构，AP是谓核，V-起来是状语修饰语。殷树林（2006a）直接指出，从信息结构的角度看，"NP+V-起来+AP"格式的评价句是汉语中的一般话题句。NP是句子的话题，V-起来+AP是对话题的评述，它们一起构成关于NP的新信息。在新信息中AP是核心，V-起来在意义上起辅助说明AP的作用；从句法结构上看，汉语"NP+V-起来+AP"格式的评价句是话题主语+V-起来（状）+谓语中心语，所以该句式是形容词谓语句。根据AP的语义指向，殷树林（2006a，2006b）又将"NP+V-起来+AP"格式的评价句分为两个型：型一表示的意义是，NP通过V凸显固有性质AP，如"田里的小麦看起来绿油油的"；"绿油油"是"小麦"在某个成长周期的固有属性特征，状语V-起来仅起辅助作用，如果将它从句子中去掉，不会影响句子表达的意义。型二表示的意义是，NP在V NP时凸显的性质AP，如"一篇好的学术论文写起来不容易"，V-起来对NP具有支配性，"学术论文"的"不容易"是在"写"的过程中凸显出来的；V-起来依然是状语，但是它不能去掉，AP指向由V NP关联的语义。

支持将AP作为句子谓词的学者（吕叔湘，1980；古川裕，2005等）还提出另外一种分析方法，将V-起来处理为插入语。它在句中的位置灵活，可以插入主语NP与谓词AP之间，也可以置于句首，甚至省略它也不会影响句子的意义，这里的V-起来表示估计或者着眼于某个方面的意思。

学界对V-起来句的分析总体上是描述性的、基于语义分析的，而宋红梅（2008），王和玉、温宾利（2015）从生成语法的角度对V-起来作为附加语，AP作为主要谓语进行了形式化的分析。所以，他们以句法推导为主的研究思路难能可贵，使得V-起来句的分析更加全面。

宋红梅基于Chomsky（1995）最简方案理论中的特征核查原则，对评价性V-起来句的句法特征做了深入的研究。首先，宋文认为V-起来句不是中动句。汉语V-起来中动句的判断标准基本上是对照英语中动句的特征的，这些标准尚不统一而且存在问题。再者，英语中动句是相对于主动句和被动句而言的，因为在主动、被动的范围内无法对这种"主动形态被动意义"的句子做出解释，才衍生了中动句。但是，汉语本来就无语态的概念，谓语动词更无主、被动的形态变化，那么将V-起来视为中动词，将V-起来句视为中动词的基础是不牢固的。仅靠语义标准不能判断一种句类，在具有合理句法推导和语义核查的统一标准构建之前，将V-起来句认定为中动句不是科学的态度。本研究赞同宋文对V-起来中动句的分析和观点。其次，宋文认为评价性V-起来句也不是由V-起来做插入语的一般话题句，这一点她针对的是殷树林（2006a）将V-起来句作为一般话题句而提出的不同意见。因为殷文中并没有对一般话题句和特殊话题句做出界定和解释。根据徐烈炯、刘丹青（1998）提出的标准，对汉语主语句和话题句的判断主要是依据句首名词性成分之后是否有明显的提顿词或有明显的语音停顿，以这个标准来判断，只有左向分裂的话题化结构是标准的汉语话题句[①]。V-起来在句子中的位置显然不符合这一标准，它可以被视为非标准的、特殊的话题句，但无论如何也不可能是

---

① 根据徐烈炯、刘丹青（1998）的标准，以下例句是典型的汉语话题句：
a. 小张啊，他不来了。
b. 小张啊，不来了。
c. 张三，我见过他。
d. 张三，我见过。
（转引自 宋红梅，2008：16）

一般话题句。正因如此,宋文将评价性V-起来句是特殊的话题句。进而从生成语法的角度深入分析,指出评价性V-起来句是有形态标记的话题句,并且把汉语评价性V-起来句分为三类,见例(11):

(11) a. 他跑起来很快。
　　 b. 这件事做起来很难。
　　 c. 这首歌听起来很美。

(宋红梅,2008:17)

宋文认为现有相关研究过多的关注了(11b)和(11c)两类句子,忽视了(11a)句的存在,由此导致了V-起来中动句的说法。以上三类V-起来句的句法结构可以表征为:

(12) a. [他$_i$跑起来][Pro$_i$很快]
　　 b. [PRO$_{arb}$做起来这件事情][很难]
　　 c. [PRO$_{arb}$听起来][这首歌$_i$][Pro$_i$很美]

根据生成语法的理论,主语提升的原因是它无法在原位获得格指派,但是(12b,12c)均不是这种情况,那么V-起来之后的"这件事","这首歌"提升的原因是什么呢?根据宋文的观点,这里的NP是被强制性提升的,因为V-起来中的"起来"是话题性语素,其功能要求V-起来句式强制实现话题性功能。(12a)中"他"的提升情况略有不同,无论"他"是主语还是话题,EPP特征都必须得到满足,因此"他"也是被强制提升的。鉴于此,宋文将评价性V-起来句处理为汉语的特殊话题句,NP作为话题是强制性提升的结果,提升的主要原因在于V-起来的强制性话题实现功能。另外,宋文还指出,V-上去和V-着与V-起来作用相当,"上去"和"着"也是话题性语素,所以,由V-上去和V-着构成的句子也是话题性的。本研究认

第一章　现代汉语评价性 V-起来句的研究现状与不足

为，宋文基于生成语法对汉语话题句的分析可接受度远高于一般性的描述分析，虽然她对评价性 V-起来句的分类并不全面，"强制提升"、"话题性语素"等观点尚未得到广泛认可，但是，她提供的研究思路更具参考价值，使用的研究方法也更具科学性。

王和玉、温宾利（2015）也基于生成语法对汉语评价性 V-起来句的句法构建做出了说明。他们采用的 Nunes（2001，2004）提出的侧向移位理论，将 V-起来句处理为包含两个独立谓语结构的句子，即 V-起来是谓词性附加语，AP 是主要谓语。附加语 V-起来与 NP 构成独立于句子主体的结构 vP1，NP 和 AP 构成独立于句子主体的结构 vP2，两个独立结构采用统一的侧向移位操作，通过复制和合并两个步骤完成 V-起来句的构建。根据 Nunes（2001）的观点，句法移位并不是初始的句法操作手段，它还可以分为复制步骤和合并步骤。因此，Nunes（2004）侧向位移操作被解读为：当句法结构 K 中的某一成分被复制后，它与另一个独立的句法结构 L 合并，并最终生成结构 N，推导过程如下：

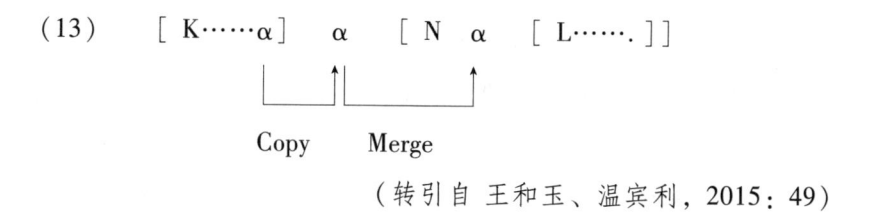

(13)　　[K……α]　α　[N　α　[L…….]]
　　　　　　　　Copy　　Merge

（转引自 王和玉、温宾利，2015：49）

基于这样的理论解释，评价性 V-起来句的构建过程大致可以分解为如下几个步骤：

(14) 这辆车开起来很快。
　a. [vP1 开起来这辆车]

对于及物动词"开"而言，它的论元结构并没有在 vP1 中完全显示，既然此时 vP1 是独立的谓词结构，那么就需要 vP1 包含完全的动词论元信息，空语代词 PRO 也要显示在结构表征中，由此（14a）调变为（14b）；

b. ［vP1（他/ PRO）［vp 开起来这辆车］

之后，动词论元"这辆车"复制并移出，与"很快"合并，它成为了形容词"快"的论元，二者构成了另一个独立结构 vP2（见 14c）；

c. ［vP2 这辆车很快 ］

当 vP1 附加在 vP2 上，形成了句子"开起来这辆车很快"（见 14d）；

d. ［vP′［vP1（他/ Pro)［vp 开起来］［vP2 这辆车很快 ］］

此时，句子"开起来这辆车很快"无法通过 EPP 核查。有两种手段可以满足 EPP 原则要求，要么句法实现 vP1 及物动词"开"的隐形主语论元"他"，将句子调整为"他开起来这辆车很快"。这个句子虽然满足了句法要求，但是在汉语的表达上略显拗口。要么句法实现 vP1 及物动词"开"的隐形主语论元"PRO"。因为 PRO 无法进入显性句法中，这就要求句子中的唯一名词性成分"这辆车"提升并且合并到 PRO 的位置，形成句子"这辆车开起来很快"。当 vP1 及物动词"开"的隐形主语论元被强制实现在句法中时，也可形成句子"这辆车他开起来很快"，此时"这辆车"被处理为话题标志语。通过上述推导，我们可以看到 V – 起来句的句法特征，以及 AP 在 V – 起来句中所表现出的句法关系。王和玉、温宾利（2015）的句法推导分析对于

V-起来句是谓语动词句,还是形容词谓语句有一定的借鉴价值,值得深入探讨。

小　结

本章回顾了有关汉语评价性V-起来句的主要研究落点和主要发现。关于V-起来格式的研究基本上还是词法范畴的研究,虽然研究者都注意的V-起来格式中"起来"趋向意义的脱落,但是并没有就"起来"是否有影响V做出任何解读。在本研究中,"起来"对V的影响将要被重点关注,因为"起来"不仅仅是和V一起构成了复合动词,它还参与了句法语义关系的解读,"起来"有可能是评价性V-起来句中V的允准条件,而且,"起来"有可能改变V引起的事件特征。关于评价性V-起来句是汉语中动句的观点,虽然有众多文献给予了支持和肯定,但是本研究始终认为在有关汉语中动句统一且可行的界定标准制定之前,仅参照英语中动句的标准尚不足以说明问题。况且,作为中动句研究对象的汉语V-起来句仅仅是评价性V-起来句的一部分,以点概面、以偏概全无法全面地对评价性V-起来句做出有说服力的解释。因此,本研究将暂时悬置有关V-起来中动句的观点和研究路径,重新全面审视汉语评价性V-起来句,并依据合适的句法理论通过解析评价性V-起来句的构建过程,探讨动词语义和句法结构之间互动的机制。文献中关于评价性V-起来句谓词分析的发现和观点值得重视,尤其要特别关注汉语形容词可单独作谓语这个语言事实。在评价性V-起来句中,当V-起来和AP都有可能成为句子的谓词时,必须要做出判断并提供判断的理据。另外,文献中基于生成语法的研究方法为解释评价性V-起来句的谓词分析问题打开了研究思路,这对本研究路径的选择有一定的借鉴价值。鉴于此,本书将基于题元系统理论和事件转换模型,从论元实现的视角来研究和探讨汉语评价性V-起来句所表现出的动词语义和句法结构的对应关系。

第二章 理论框架的构建

本研究的理论框架包括题元系统（Theta System，θ-system）和事件转换模型（Event Transformation Model，ETM）两个部分。题元系统负责句法分析，事件转换模型负责语义解释。

第一节 题元系统

题元系统理论是 Reinhart（2000，2002）为了阐释动词语义的句法实现而专门提出的理论。题元系统隶属于生成语法学派，它坚持语法系统的模块观，认为语法系统是由相互独立又相互关联的子系统构建的；题元系统秉承词汇主义的原则，强调动词是句子的核心，坚持动词语义的投射是句法结构的基础；题元系统采用特征分解的方法定义动词题元，并对题元进行形式化描写；题元系统使用题元操作程序和合并指导原则来解释和推导论元的实现过程；题元系统反对将句法运算系统视为句子生成的唯一来源，反对在句法分析中削减或者摒弃词库的观点。题元系统是最简主义指导下的特征驱动句法分析模型。

本节将从题元系统的源起、题元系统的理论基础、题元系统的概况、题元系统自身问题解读四个方面对题元系统进行详细的说明，旨在为解决汉语论元实现问题找到新的解决方案。

一 题元系统的源起

题元选择困惑和动词交替困惑一直以来都是论元实现研究中不能很好解决的问题。题元选择困惑主要来自语言现实中论元实现的灵活性和可变性，动词交替困惑的根源则是非宾格动词的判断问题。

题元选择的标准假设是动词的题元栅[①]不仅指定了动词选择的题元数量（如：一元动词，二元动词等），还指定了题元的各种角色类型（如：施事、致事、经事、工具、客体等）。基于题元栅的题元选择必须遵守题元标准（θ-Criterion）原则和题元分配一致性假设（Uniformity of Theta Assignment Hypothesis，UTAH）。题元标准规定了题元角色和动词论元之间必须是一对一的匹配关系，强调"每个论元都有且只有一个题元角色，并且每个题元角色被分配给一个且只有一个论元"（Chomsky 1981：36）。在动词的论元结构中如果动词论元的数量和动词题元角色的数量没有正确匹配，那么句子被视为不合语法。题元分配一致性假设指出：虽然 Move α 会改变 S - 结构，但是"相同的题元关系（总是）由 D - 结构上相同的结构关系表示的"（Baker 1988：46）。题元选择的标准假设大多数时候都是有用的，但是有些语言现象却很难用题元选择标准来解释，例如：

（1） a. Max opened the door.

　　 b. The key opened the door.

　　 c. The storm opened the door.

（2） a. The father fed the baby.

　　 b. *The spoon fed the baby.

　　 c. *hunger fed the baby.

---

① 题元栅中题元的数量和题元的角色信息都与动词的核心论元关联。

（1）中的动词 open 的题元栅信息是 *open* < agent，patient >，根据动词题元栅，（1a）句是最符合题元选择标准的。（1b）的主语论元是工具 the key，它并没有出现在动词的题元栅中，但是，工具角色语义蕴含施事，所以根据 Fillmore (1968) 的主语选择规则，句子中主语优先选择施事，当施事不存在时工具可以作为主语。（1c）的主语论元是致使者，它同样也没有出现在题元栅中，但是致使因和施事都是动词行为的启动者，二者的主要区别在于施事突出了自主性，致使者突出了致使性。这样看来，the strom 和 Max 都是打开门的动因，所以 the strom 可以替代 Max 与题元栅中的施事角色合并，并且填充至句法主语的位置。从严格意义上说，动词 open 的论元实现符合题元标准原则，但是它违反了题元分配一致假设，虽然三个句子的 D 结构是相同的，但是动词的题元关系却完全不相同。例（2）中动词 feed 的题元栅是 *fed* < agent，patient >，从题元栅信息看，动词 feed 与 open 并无区别，都是标准的二元及物动词。但是关于动词 open 主语论元选择的解释却不适用于动词 feed 的主语论元。除了（2a）句中 the father 可以与施事合并成为句子的主语，（2b）中的工具角色 the spoon 不能替代施事成为句子的主语，（2c）中的原因角色 hunger 也不允许进入句子占据主语的位置。（2）句严格遵守题元选择标准决定了动词的主语论元，但是 open 和 feed 这两个具有相同题元栅的动词为何在论元实现时会有完全不同的表现。显然，题元选择的标准假设很难对此给予合理的解释。动词的题元选择归根结底还是动词语义问题，open 和 feed 的本质区别与题元栅无关，可能是动词语义的某些专属特征影响了它们对题元的选择。如此说来，准确描述和解读动词的语义特征、厘清具有相同题元栅的动词的本质区别才是解决问题的关键。

除了以上问题，在语言的实际表达中，许多动词还表现出一系列超越题元栅限制的论元表达式，如：

（3）a. Terry swept.

b. Terry swept the floor.

c. Terry swept the crumbs into the corner.

d. Terry swept the floor clean.

e. Terry swept the leaves intoa pile.

在以上由动词 sweep 构成的句子中，动词的论元数量、动词的类别、动词可允许的补语都表现出各种各样的变化。（3a）中，sweep 表现出不及物动词的特征，动词只允准了一个施事角色的主语论元；在（3b）中，sweep 表现出了及物动词的特征，既有施事主语论元，又有受事宾语论元；在（3c）中，sweep 又变成了三元谓语动词，与（3b）不同的是，the crumbs 可以作为 sweep 的直接宾语的前提条件是动词之后的介词短语 into the corner 必须存在，如果没有 into the corner，句子 *Terry swept the crumbs 是不可接受的，尽管它的表征形式和（3b）一样；（3d）和（3e）涉及的是动词补语的变化，（3d）中的 clean 表达了动词事件带来的状态变化，而（3e）中的 into a pile 则表达了动词事件带来的结果变化。动词 sweep 呈现出的所有变化指向了论元实现中的一个严肃问题，即具有多重论元实现的动词究竟是基于一个动词词条还是基于多个动词词条。Jackendoff（2002）认为，具有多重论元实现的动词表达式实际上反映出动词具有不同的概念结构，不同的概念结构意味着不同的语义特征，所以词库中需要不同的词条来解读不同的语义特征，这样词库中就存在 5 个不同的 sweep 词条。这种一词一义的处理方式虽然区别了"多义"，却未解读"一词"的问题。另外，词库中存在多个 sweep 的结果，既增加了词库的负担，也似乎有悖于语言直觉。Rappaport Hovav & Levin（1998）认为多重论元实现是动词基本事件模板调变的结果。她们将动词意义的可变现象归因于动词的事件模板扩增（Template Augumentation），模板扩增允准在简单事件的基础上构建复杂事件，允准在基本动词意义的基础上产生新的动词派生意义。所以，她们认为在多重论元实现中"一词"是本质，而

"多义"只是现象。如果多重论元实现的基础是"一词",就必须解释动词的基础词条是如何派生出多个词语语义表达式的;如果多重论元实现的基础是"多词",就必须解释由多个词条构成的多个词语语义表达式之间有无关联性。动词的多重论元实现不但打破了动词语义和句法结构之间的可预测关系,而且也牵出了动词语义和动词事件的关系问题,还涉及了论元实现的决定因素是词汇语义投射还是句法结构限制的问题。

与题元选择困惑并行的另一个难题是动词交替困惑。动词交替是语言中的常见现象,但是并非所有的动词都具有交替性,这正是动词交替的麻烦所在。如何清晰地分辨哪些动词可以有交替形式,哪些动词不可以交替,这既是句法问题,也是语言习得问题。以下例句便可说明动词交替困惑:

(4) a. The children laughed.
  b. *The clown laughed the children.
  c. The pot broke.
  d. I broke the pot.

在上例中,(4a)和(4c)的句法表征完全相同,动词 laugh 和 break 都是不及物动词表达式;不同的是 break 可以转换为合格的及物动词表达式(4d),laugh 却不能表达为(4b)。不同的学者从不同的理论视角对这一现象做出了解释。

Hale & Keyser(1998,2002)认为,究其原因,主要是动词 laugh 和 break 具有完全不同的词汇关系结构(Lexical Relatioinal Structure, LRS)。动词 laugh 的深层结构是 have a laugh,深层结构去名词化操作(denominalization)形成词根 laugh,词根通过 R(root)到 V 的合并操作(conflation)被引入动词语类中,最终形成动词 laugh 的词汇结构关系。所以,动词 laugh 其实是一个名词动用的动词,它具有典型的非作格动词特征。非作格动词 laugh 没有及物性交替词，这是因为动词 laugh 的 LRS 决定了它的词汇投射配置无内部论元，即与动词关联的标志语或补足语，非作格动词句的表层主语并不是动词 LRS 的组成部分，它只是为了满足 EPP 原则而添加的 NP 成分。然而，动词 break 的情况与 laugh 完全不同。break 的深层结构是 become broken，它表征为中心语—补足语关系，是标准的一元投射配置。深层结构通过去形容词化操作（de-adjectivalization）得到词根 break，词根再通过 R 到 V 的合并操作（conflation）被引入动词语类中，break 成为一个形容词动用的动词。break 的词汇关系结构要求动词中心语必须投射标志语，因为其深层结构补足语（形容词 broken）的语义属性要求必须描述某物的属性特征，所以形容词强制投射标志语。当动词的内论元 the pot 填充了表层主语的位置时，EPP 的核查被取消，形成了不及物动词句 The pot broke。当动词内部论元不移动时，句子可以依据 EPP 原则填充一个 NP 至表层主语位置，形成了及物动词句 I broke the pot.。由此可见，与 laugh（非作格动词）不同，break 既可以作非宾格动词，也可以作及物动词。两个动词的论元结构差异完全可以归因于它们具有不同的 LRS。以上解释如图 2-1 所示：

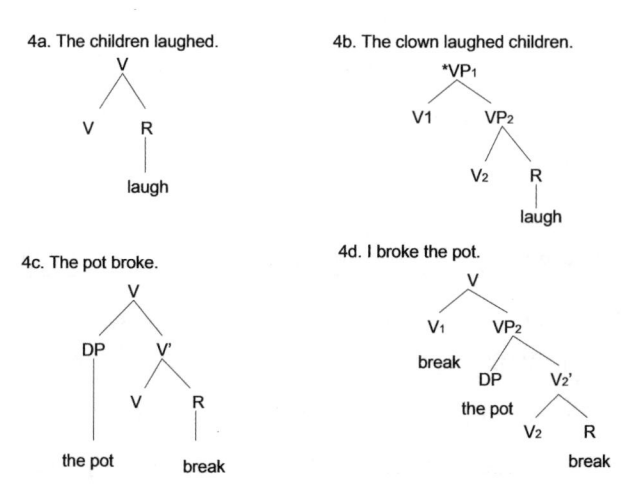

图 2-1 LRS：非作格动词 laugh 和非宾格动词 break 的区别

Rappaport Hovav & Levin（1998）从事件结构模板的角度分析了这两个动词，她们指出，动词 break 是典型的具有致使性与非宾格交替的动词，因为 break 的常数意义要求动词事件必须有两个参与者。动词的常数意义体现在动词的基本模板上，所以它在本质上就与复杂事件相关联，涉及外部致使因和致使结果两个子事件。根据 break 的基本事件模板（见 5a），它构建的一定是及物动词句。但是，在一定的语境下，当外部致使因不需要特别说明时，动词 break 可以以非宾格形式构句。在这种情况下原来的动词事件结构并没有任何变化，只是事件结构模板凸显了事件的结果状态，所以通常 break 用作非宾格动词时，模板简化为事件的凸显的部分（见 5b）：

(5) a. break：[[x ACT] CAUSE [y BECOME <*BROKEN*>]]
　　（基本模板）
　b. break：[[~~x ACT~~] ~~CAUSE~~ [y BECOME <*BROKEN*>]]
　　（简化模板）

对动词 laugh 而言情况则完全不同，laugh 的基本语义信息是只包含一个参与者的方式动词，它反映的是动词的简单事件 Laugh：[x ACT <*MANNER*>]。因此，当 laugh 具有两个参与者时，它无法匹配其常数意义，多出的参与者也不能获得句法实现，所以 laugh 的及物动词句表征不符合语法要求。动词 laugh 并不存在及物—不及物交替现象。

以上分析实际上关涉了非作格动词和非宾格动词的区分问题。根据非宾格动词假设（Unaccusative Hypothesis）（Perlmutter 1978），不及物动词被分为非宾格动词和非作格动词两类。由此，非宾格动词也归入了基本动词范畴，和及物动词、非作格动词一起作为单独词类列入词库中。但是，Levin & Rappaport Hovav（1995）和 Borer（1994）指出，如果非宾格动词作为单独的词条列入词库中，可能会导致可学得性问题。因为非宾格动词和非作格动词都是一元动词，它们不但在形态上很难区分，而且二者的句法实现方式也截然不同。这样，判断和区分哪些一元动词是非宾格动词，哪些一元动词是非作格动词就变得至关重要。在没有非宾格形态标记或辅助标记的语言中（如英语、西班牙语、荷兰语等）这种判断的难度尤其明显。另外，对于语言中广泛存在的及物—非宾格替换现象，还需要解释可交替动词之间的存在怎样的关系，非宾格动词和及物动词究竟哪个是基础动词，哪个是派生动词。依据 Dowty（1979）的观点，在语义上，非宾格动词源于一个抽象的静态形容词，是由原语运算符 BECOME 作用于该形容词推导出的；而及物动词则是通过将原语运算符 CAUSE 应用到非宾格项上进一步推导的结果。所以，在及物—非宾格交替中，基本词条是非宾格动词，及物动词是派生而来的结果。这种观点取消了及物动词在词库中作为独立词类的地位。Chierchia（1989）提出了完全相反的观点，即及物动词是基本词条，非宾格词条是通过约减操作而衍生出来的。其主要依据是，在许多语言中（如意大利语、法语、希伯来语等）非宾格动词与自反动词在形态上有相似性。由于自反动词是通过词汇操作从及物动词中派生出来的，所以非宾格词条也可能是以相同的方式得到的。然而，Chierchia 并没有严格定义非宾格词汇操作的条件，因此他的解释可以正确地推导出 The window broke，同样也可以推导出 *The baby fed 或者 *The soup ate 这样不合乎语法的句子。避免过度生成的唯一办法就是明确区分非宾格动词和非作格动词。如此说来，只有在厘清非宾格动词与非作格动词之间的关系、非宾格动词与及物动词之间的关系的前提下，才能真正解读动词交替现象。

不论是题元选择困惑还是动词交替困惑，反映的依然是动词语义关系的句法实现问题，而解决问题的关键仍然是通过动词题元体现出来的词汇概念与句法结构之间互动机制。鉴于此，Reinhart（2000，2002）提出了基于特征丛编码的题元系统理论，坚持从词库出发，站在词汇主义的立场上分析动词语义与句法结构的对应关系，解读论元实现问题。

二 题元系统的理论基础

Reinhart 提出的题元系统建立在三个重要的前提之上：其一，题元系统遵循题元特征分解法；其二，题元系统秉承语法系统的模块观；其三，题元系统秉持句法研究的词库观。

（一）题元特征分解法

用特征分解的方法定义和描述动词题元是 Dowty（1991）针对语义角色列表的理论缺陷和研究困惑提出的解决方案。

语义角色列表又称语义角色清单，它是在格框架（case frame）（Fillmore 1968）中形成的用来概念化动词词汇语义特征的表征方式。和语法相关的动词词汇意义由一个标签列表表示，这个可预测动词语义关系的标签列表就是语义角色列表，列表中的标签是与动词相关的语义角色，每个标签对应一个语义角色，语义角色可以看作动词论元的等价标签。语义角色列表的主要用途是揭示动词意义的异同，这些异同会反映在论元的句法实现中，但是，语义角色列表自身的缺陷使得它至今饱受批评。语义角色数量不定、概念不清是语义角色列表引起质疑的首要原因。在已有研究中，语义角色的界定和划分都是基于不同理论框架和不同研究问题形成的。所以造成的实际结果是角色数量模糊不清，分类依据无法统一。例如，Fillmore（1968）最早讨论的语义角色（语义格）只有 3 种（施事、工具、对象），之后在讨论格语法存在的问题时（1971），他将角色扩展为 7 种（施事、经事、工具、对象、目标、来源、处所）。Van Valin（1990）基于致使化的研究提出了 6 种语义角色（施事、影响者、经事、客体、受事、处所），而 Bresnan & Kanerva（1989）在关于被动化倒装的研究中却提出了 9 种语义角色（施事、受益者、接受者、经事、客体、受事、目标、工具、处所）。在汉语的相关研究中情况亦是如此，丁声树等（1961）归纳了 8 种可做宾语的语义角色；孟琮（1987）根据名词与动词的语义关系，把名词分成了 14 种语义角色；更有甚者，袁毓林（2002）在讨论关于论元结构的问题时，更加细化地将语义角色分别归在核心论元和外围论元两个大类中，共归纳了16种不同的语义角色。由此可见，在实际研究中，语义角色的数量多少根本没有统一的标准。这严重违反了"有限手段，无限运用"的语言研究原则。其实，语义角色数量不确定主要是由角色划分粒度不同造成的。单个语义角色能否细化以及能够细化到什么程度在学界仁者见仁，智者见智，根本无法达成共识。正因如此，Croft（1991：156）指出，语义角色列表似乎应该隐含"语义角色在语义上不可分析"（列表中的语义角色已经是语义的原语元素）和"语义角色独立于动词的含义来定义"（列表中的语义角色是动词所固有的）的假设。但是，在论元结构中语义角色实际上是由选择它们的动词来定义的，而且定义它们的动词是具有句法属性的。所以，确定一个动词的论元所承载的语义角色需要核查动词的语法含义。只有和语法相关的动词语义特征才能获得识别和定义，才能在论元实现中凸显出来。因此很难用动词的固有属性来确定一组固定的论元角色。

针对以上语义角色列表研究中的困惑，Dowty（1991）指出，语义角色分类和定义的困难在于一直以来研究者将语义角色视为单个的离散范畴，强调语义角色之间边界清晰，并期望语义角色的数量是固定的、确定的。而事实上，反映动词语义关系的语义角色是一个边界模糊的连续统概念，各角色之间在特征属性上有一定的关联性，根本不需要一个排序的题元层级来确定语义角色在句法中的位置。Dowty 认为，动词构建的事件结构框架已经决定了事件参与者与动词的关系，同时也确定了参与者在事件中的角色。因此，只需要两个基本语义角色，即原型施事角色（proto-agent）和原型受事角色（proto-patient），就可以确定论元的句法位置。这两个基本的角色概念构成一个语义连续统，通过语义蕴含的和特征组合的方法，来确定动词的论元角色。Dowty（1991：572-573）将原型施事描写为动词事件或状态的自主参与者，它本身具有感觉或者知觉，能够促使事件发生或者引起事件的另一参与者的状态发生变化，而且与事件的另一参与者相比它具有可移动性，通常它独立于动词所表达的事件；而原型受事是动词事件的经历者，其状态会逐渐发生变化，在事件中它受到另一参与者的影响，相对于另一参与者它处于静止状态，它要么依存于动词事件，要么根本不存在。基于这样的描述，原型施事和原型受事分别表现为以下特征集合：原型施事蕴含意愿性（volition）、感知性（sentience）、致使性（cause）、位移性（movement）和独立性（independent existence）的特征；原型受事则蕴含变化性（change of state）、渐成性（incremental theme）、受动性（causally affected）、静态性（relatively stationary）和依存性（no independent existence）的特征。需要说明的是，Dowty 的原型角色假设只是为解释主语、宾语位置的论元选择原则（argument selection principle）而提出的，仅描述论元的施事性或受事性特征，并不真正为论元指派具体的语义角色。因此，根据动词论元拥有原型施事或者原型受事特征的组合数目，就可以判断出论元更倾向于施事还是受事角色。原则上，拥有最多原型施事特征的论元是典型施事，它作为主语出现；而拥有最多原型受事特征的论元是典型受事，它作为直接宾语出现。原型角色假设给予了动词词汇语义特征组合的灵活性，与语义角色列表相比，不同的特征组合不但可以对应一般的语义角色概念，还可以解读语义角色之间的异同，如施事可以是意愿性、致使性、感知性和移位性的组合，也可是意愿性和致使性的组合，或者仅仅是意愿性的；与施事相比，经事仅具有感知性，不具有意愿性或致使性；工具是致使性和移位性的组合，却不具有意愿性或感知性；客体大多具有变化性、渐成性和依存性的特征组合，通常不具备受动性；而受动性是受事重要的语义特征，因此客体与受事是相关又有区别的语义角色。由此可见，拥有不同组合特征的语义角色会赋予论元不同的句法表征。原型角色假设的创新不仅仅在于用特征集合的方法描述动词的词汇语义蕴含，更重要的是通过原型角色传递出来的基本思想，即没有不变的特征蕴含，也不存在固有的一组语义特征来填充论元的主语性或宾语性的位置。根据论元所附带的原型角色特征的数量，论元在不同程度上都可以是施事类或受事类，而且，特征蕴含的方法不再需要对不同粒度的语义角色进行概括的问题。

Reinhart（2000，2002）赞同 Dowty 用特征蕴含的方法定义动词题元。虽然原型角色假设只是罗列了动词蕴含的特征，每个特征都具有同样的权重，而且特征蕴含系统本身也无结构性，动词的词汇语义并没有任何形式化表征。但是，用特征描写来定义题元最大限度地避免了单个的、离散的、具体的语义角色带来的问题。而且，Dowty 引入事件结构来定义动词语义，赋予了语义角色的灵活性和可变性特征，解释了动词的论元实现具有非固定性特征的原因。尽管原型角色假设没有用形式化的方法描写动词的题元，也没有提供动词题元和论元关联的机制，按照 Levin & Rappaport Hovav（2005）要求，原则上原型角色假设不能算作完整的论元实现理论，因为它只具有描述性和解释性，不具有操作性。但是，原型角色假设提出了一种解决语义角色该如何定义的新理念。Reinhart 赞同并遵循这种用特征分解定义题元的研究思路，因此在题元系统理论中她也采用特征丛定义和编码动词题元，构建了题元操作的基础。

（二）语法模块观

句法结构表达式实际上反映着语言使用者的语法知识在心智中的储存和提取方式。语法知识在心智上的表征与语法认知系统息息相关。关于语法认知系统，学界大体上有两种相反的认识：一种是以 Chomsky（1965）和 Fodor（1983）为代表的模块化观点，另一种是以 Lakoff & Johnson（1997）为代表的非模块化观点。

语法系统的模块论假设是生成语言学的核心假设之一。模块观主张语法系统是由音位模块、句法模块、语义模块、词库等若干子模块构成的独立、自足的认知系统。语法中的每个模块相对独立，按照各自的组织原则运行，一般来说，各模块内部的信息对于其他模块而言是不能直接取读的。模块化主张导致语法认知系统各模块之间存在硬边界，各模块之间的关联需要大量的连接规则和多个层面的"接口"才能处理好句法问题。句法模块是语法研究的核心和重心，作为语法系统中独立的模块，句法的形式化描写和句法结构的生成不需要考虑语义因素，正如 Chmosky 的经典例句"Colorless green ideas sleep furiously"所传递出的信息，这样的句子没有任何意义，但是却符合语法规范。这说明句法描写和解释依据的是规则，规则生成合法的句子，与意义没有直接的关系，句法构建不取决于语义。Chomsky 句法研究的目标是要解释如何用有限的规则生成无限个在结构上合乎规范的句子，所以句法自治的理念自始至终地贯彻于 Chomsky 不同阶段的理论①。

与之相反的语法系统非模块化观点是认知语言学的重要主张。非模块化观强调语法认知系统与人的其他认知系统不能分离，语言知识也不能被边界清晰地划分进各自独立的模块中，语法认知系统中涉及的概念、意义推理、句法形式、语音表达等信息都统一在一个连续统中。非模块化主张用概括性、继承性、图式—例示等理念来处理语言中由简（词）至繁（构式）的象征单位或形义结合体。以连续统替代了模块在理论上取消了各种连接规则，也使得"接口"的存在变得毫无意义。非模块观认为语言主体与外部世界的交互产生概念，概念结构是语法研究的起点，意义是语法研究的中心，强调一切语言单位都是形义匹配且不可分离的象征单位，强调构式是形式和功能的完形，并以此为理据，取消了语法系统中词法与句法的层次性和关联性，否定了句法和语义的界限性。

Reinhart（2002）反对语法认知体系的非模块化观点。Reinhart 认为概念和语法之间终究不是相等的关系，概念只是语法形成的原动力之一，语法是对概念编码的结果。因此，语义作用于句法或者语义决定着句法的观点在逻辑上并不意味着句法从属于语义或者句法等同于

---

① 姜孟（2009）把 Chomsky 的"句法自治"思想总结为五个阶段：（1）语义缺席阶段；（2）解释语义阶段；（3）语义紧缩阶段；（4）模块论阐释阶段；（5）方法论自然主义阐释阶段。在任何阶段，他都坚持句法是不取决于语义或功能的独立形式系统。

语义。非模块化观点只是解释了语言知识的来源，并不能清晰说明句子产生的机制。Reinhart 指出，语法认知系统的整体性并不排斥其子系统的存在，更不能消除子系统对语法贡献的差异性。她赞同语法认知系统的模块化观点，同时又强调语法认知子系统既各司其职又相互关联。一方面，各子系统内部有其独立操作的信息存储、编码和提取方式；另一方面，每个系统中应该包含一些对其他系统而言是可读取的信息。由此，可以假定，对于各子系统而言，都有一个中心系统收集和处理对于其他系统来说是可读取的信息，而且正是这个中心系统使得各子系统的关联成为可能。

基于这样的假设，Reinhart（2000，2002）提出了题元系统理论。在题元系统理论中，语法认知系统由以下子系统构成：

（i）概念系统，它是负责存储语言知识的心理模块；

（ii）计算系统，也称句法系统，它负责推导并形成句法表征；

（iii）语义推理系统，它负责判断由计算系统推导出的句法表征是否语义正确；

（iv）语用系统，它负责判断计算系统推导出的句法表征是否符合语境要求；

（v）音形感知系统，它负责判断计算系统推导出的句法表征是否符合语言的音形规范。

各子系统在语法认知系统中独立存在，每个系统有其专属的信息编码、信息交互方式。同时，每个系统与其他系统又有关联性，因此接口的存在成为必然。语言认知系统中最重要的核心系统并非上述某个子系统，而是作为接口的题元系统（theta system 或 θ system）。题元系统是概念系统的中央系统，它负责提取、编码、处理、输出和语法相关的语义信息，所有这些工作都是为计算系统的句法表征推导做好准备。题元系统是概念系统和计算系统（句法系统）的接口，因此它既是概念系统的一部分，也是计算系统的一部分。题元系统输出概念系统中可以被计算系统识别并应用的信息，题元系统的输出就是计算系统的输入。计算系统最终负责概念的句法实现，其结果便是可见的句法结构表征。语义推理系统、语境系统和音形感知系统负责核查句法结构表征，确定计算系统输出的信息不违反一般的语义逻辑和百科知识、不违反一般的语用要求而且符合语言的音形表达规范。综上所述，题元系统是概念系统和计算系统的窗口，并且间接地（通过句法表征）与语义推理系、语境系统和音形感知系统衔接（见图2-2）：

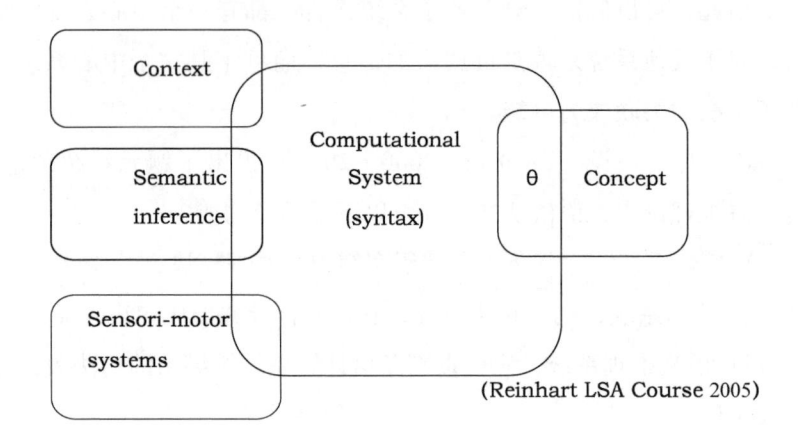

```
        ┌─────────┐
        │ Context │
        ├─────────┤  ┌──────────────┐
        │Semantic │  │Computational │  ┌───┐  ┌────────┐
        │inference│  │   System     │  │ θ │  │Concept │
        ├─────────┤  │  (syntax)    │  └───┘  └────────┘
        │Sensori- │  └──────────────┘
        │ motor   │
        │systems  │
        └─────────┘
                              (Reinhart LSA Course 2005)
```

图2-2　题元系统

说明：本图题元系统简图出自 Tanya Reinhart 2005 年的 Theta System 课程讲义（1），https://offline.hum.uu.nl/~tanya.reinhart/personal/。

图2-2清晰地显示了Reinhart在题元系统理论中所秉承的生成语法的模块论思想，同时也突出了她所设计的题元系统在句法研究中的重要地位。作为接口的题元系统具有概念（意义）和句法的双重身份，题元系统的存在打破了句法系统是语言生成唯一来源的观点，它表明句法构建一定是概念系统和句法系统互相协作的结果，因此作为接口的题元系统也负责句法的生成。

（三）词库观

自从Chomsky（1965）将词库引入句法研究，词库在生成语法的句法研究中一直起着重要的作用。词库是词汇知识的心理表征，是内化语言的存储库，更是句法构建的语料库。词库中的每个词条都同时具有语法特征和语义特征。

在以管约论（Government and Binding Theory，GB）为代表的早期生成语法中，词库主要包括词的语类属性（syntactic categorical features）和语义概念元素（semantic features）。词条根据中心语的基本语类选择不同语类属性的补足语构成"中心语—补语"结构，补语选择又称中心语语类选择（categorial selection，C-selection）。X-杠标理论就是依据"中心语—补语"的概念结构建立起来的，它说明句法的生成就是词库的语类属性以X-杠标理论选择投射到句法结构中的过程。但是单独依靠C-选择无法保证生成正确的句子，因为它只有结构信息，没有语义信息。词库中词条的语义信息就是"中心语—补语"概念结构所反映的语义关系，这种语义关系也称中心语语义选择（semantic selection，S-selection）。语义关系是通过语义角色这样的概念元素来描述和说明的。C-选择的子语类属性和S-选择的语义角色共同构建了句法生成的基础。当连接规则将词库和句法关联在一起时，词库中的语法—语义信息得以投射在句法系统中，句法系统以其独立的操作方式推导生成句法结构。

在以最简方案（Minimalist Program，MP）为代表的现阶段生成语法中，词库在句法中的作用有了不同的解读。最简方案放弃了词库—句法的连接规则，也摒弃了深层结构，提出了以合并为基础的句法模型，这种改变使得词库在句法研究中的地位受到了严重挑战。以生成语义学为指导的句法研究试图减弱或者抛弃词库在句法生成中的作用的，要么通过词汇分解的方法，要么通过事件结构分解的方法，着力解决题元选择带来的系列问题。从Baker（1988）和Larson（1988）将VP结构分为vP和VP两个层次开始，用词汇分解的方法解释论元实现问题在生成学派内部大获推崇。Chomsky（1995）自己也在最简方案中使用v（little v）进行句法分析，并且将小v置于核心功能语类（core functional category）。这些从VP中分解出来的功能语类如vP, little v，voiceP（Kratzer 1996）、TrP（Collins 1997）等统称为"轻动词"。当动词被分解为轻动词+词根时，轻动词不再具有实在的词汇意义，仅表达句法意义，仅承担句法功能。词库中词条的语法信息和概念信息被强行分解，这样词库和句法的清晰界限被打破了。更有甚者，以 Halle & Marantz（1993），Borer（1994，2005a，2005b，2013），Ramchand（1997，2008）等为代表的生成构式理论学派提出，论元结构完全是由句法中的功能结构经过纯句法操作推导决定的，词库除了提供一些与词条相关的世界百科知识外，并不能为论元的句法实现提供任何帮助。这样，词库在句法构建中存在的意义被完全消解了。在生成语义学回潮的同时，认知语言学的兴起加剧了取消词库的呼声。以认知语法（Langacker 2004a，2004b，2008）和认知构式语法（Goldberg 1995，2006）为代表的认知语言学派反对词库和句法的割裂，他们主张词库和句法在一个连续统上，词和句之间没有清晰的界限，二者都是形义结合体，只有程度上的简单和复杂的区别。不论是生成语法内部的功能语类或功能结构观点的提出，还是生成语法的对立面认知语言学关于词—句形义结合体的观点，非词汇主义方法似乎占据了主导地位。词库在语法中存在的必要性受到了质疑，词库和句法之间的相互关系也受到了挑战。

　　Reinhart（2000，2002）反对认知语言学模糊词库系统和句法系统界限的观点。取消了词库和句法之间的界限就意味着否定了语法的模块观，词和句都可以在概念系统中得到说明。如果词和句之间没有本质的区别，二者只是复杂程度不同的构式，那么如何理解认知构式语法一直强调的构式义独立于插入构式的动词义。既然构式义不能通过动词义来预测，那么这就意味着构式义和动词义是有区分性的，否则构式义对动词义的压制和调变就无法获得合理解释。实际上，构式义离不开动词义，构式义也总是因为不同动词的介入而有所差异。由此可见，动词在句法中的核心地位不能被模糊，词和句的差异性远不是复杂程度的区别可以概况的。这样说来，关于词汇概念的句法实现、动词和句法结构之间的关联性未必要通过取消词库系统和句法系统之间的界限来实现。Reinhart 更反对为了减少词库信息和句法运算两个系统的冗余性将词库完全隔离在句法系统之外的观点。Horvath & Siloni（2002）和 Reinhart & Siloni（2005）指出，基于轻动词假说的谓词分解观将句子的谓语动词分解为词根和功能词（轻动词）两个部分，功能词成为了句法系统的概念元素，词库中只剩下词根。词根不携带任何句法信息，只负责概念语义。轻动词假说坚持功能词选择外部论元，词根选择内部论元。那么，对于非宾格动词和非作格动词这样的一元谓词而言，就很难理解为什么一个词根应该在内部完成语义角色和论元的合并，而另一个词的词根则不允许，论元只能通过句法操作直接插入句中。而且，因为质疑题元的原生性，反对词汇投射而设置的轻动词，不但没有简化句法操作，反而使得谓词结构更加复杂，句法分析更加繁杂，各种无法统一的轻动词也同样存在原始性的问题。虽然 Borer（2005a）强调句法研究的任务是探究抽象的句法结构，词汇的百科知识和概念信息对句法的影响是次要的，因此无须对此进行特别研究。然而，句法的合法性需要考虑词汇信息和百科信息如何与句法结构式融合，所以句法研究不应该忽略词汇。

正是因为如此，Reinhart 坚持词汇主义的句法分析观，主张词库是重要的语法子系统。在她的理论中，作为概念系统和句法系统接口的题元系统可以被视为词库。词库中除了提供句法构建所需的词汇音形信息之外，更重要的是词汇语义信息和词汇操作手段。词汇语义信息包括词汇的一般概念意义和词汇的语法意义。动词的一般概念意义指来源于百科知识的意义，而动词的语法意义则是能被句法系统识别、处理，并且能被句法表征的意义。这里的一般概念意义和语法意义的区别类似于 Rappapport Hovav & Levin（1998：106）提出的词的独有意义（idiosyncratic meaning）和结构意义（structural meaning），也类似于 Grimshaw（1993）区分的语义内容（semantic content）和语义结构（semantic structure）。如果仅仅关注词汇的音形信息或者一般概念意义，词库和句法的确是相对独立的模块；如果从语法的角度审视词汇，词库和句法不但相互关联，而且词库和句法一样参与句法构建，生成句法结构。作为概念系统和句法系统接口的题元系统，不仅提供了词汇的语法信息，而且编码了词汇的语法信息，更重要的是将词汇的语法信息处理为句法系统可识别的信息。另外，作为词库的题元系统还提供了可操作的词汇运算程序和与句法系统关联的衔接程序。这样，题元系统理论将句法生成分成了前句法推导程序（pre-syntax procedure）和句法推导程序（syntax formation procedure）两个阶段。在前句法阶段题元系统通过词汇编码和词汇操作完成动词题元和论元的合并，并将形成的"毛坯"论元结构输入句法系统。句法推导程序则是在句法系统内由句法操作核查已输入的"毛坯"论元结构并确定和构建最终的句法结构。所以，题元系统理论认为句法表征的实质是用词汇手段表示语法关系。Siloni（2002：383）将题元系统称为句法中"活跃的词库"。

题元系统理论坚持语法系统的模块观思想，坚持句法分析的词汇观，坚持从词库入手分析句法的研究理念。题元特征编码和词汇操作手段使得题元系统理论成为基于特征驱动的句法分析模型。题元系统理论通过接口运算和句法系统运算的分工合作，共同推导生成句法结构，解读论元实现问题，探究动词语义和句法结构的互动机制。

三 题元系统概述

Reinhart（2000，2002）的题元系统理论的主要内容包括词条、词汇操作、词汇标记三个部分。题元系统中的词条是已经被题元特征丛编码并且能够定义题元关系的形式特征；词汇操作是针对题元的运算程序，该运算程序通过饱和操作（satruation）、约减操作（reduction）、扩展操作（expansion）等技术手段作用于动词的题元栅，调控题元数量的变化；词汇标记是标记运算程序，该程序为动词指派 ACC（宾格）特征，标记动词的外部论元和内部论元，确定题元与论元合并的顺序。题元系统三个方面的内容负责执行句法生成的前句法推导程序，在词库内构建句法结构的雏形。三个方面的具体工作和执行细节在以下部分详细分述。

(一) 词条编码

题元系统中的编码信息必须具有普遍性、可解释性、可运算性三个基本要求。编码的题元信息具有普遍性，要求它不能有词汇特异性，更不能造成跨语言解读的困难；编码的题元信息具有可解释性，要求它不仅能够描述动词的词汇语义特征，还能解释论元实现中动词与句法的关系；编码的题元信息具有可运算性，要求题元系统输出的动词题元信息在计算系统（和推理系统）中可以被识别并且能够进一步运算。鉴于以上要求，Reinhart（2000）放弃了传统的题元角色，她赞同 Dowty（1991）特征分析方法，提出采用特征值来编码题元信息。这种编码方式类似于音位学的特征编码，将动词的题元特征归纳为特征值 c 和特征值 m：c 表示致使或变化（cause/change）；m 表示心理状态（mental state）。这两个特征都具有二分值，±c 表示动词是否具有致使变化的特征，它决定着所讨论的论元是否导致动词表示的事件，或者改变动词事件。±m 值表示动词特征是否涉及心理状态，它决定着所关涉论元的心理状态是否与动词所表示的事件相关。这两个特征值本身具有语义的普遍性和可解释性，而且两个特征值的排列组合可以为词汇运算做好准备。

特征值 c 的确定具有概念基础和一定的理论支持。因为"致使"是最基本的认知概念范畴之一。动态的、复杂的事件都和"致使"概念有一定的相关性，而且"致使常常会伴随着变化或改变"（Dowty 1991：53）。"致使"概念的语言普遍性使得它在论元实现的相关研究中获得了最多的关注。在 Dowty（1991）的原型角色假设中，致使性 cause 是原型施事最显著的特征之一；在 Jackendoff（1990）的概念语义学框架中，CAUSE 是基本的概念成分；在 Levin & Rappaport Hovav（2005）和 Rappaport Hovav & Levin（1998，2001）的事件结构框架中，CAUSE 是原语谓词，是构成基本事件模板的重要成分；在 Goldberg（1995，2006）的认知构式语法中，双及物构式 CAUSE-RE-

CEIVE 的框盒图表征是最具代表性的；在 Ramchand（2008）的第一语段句法理论中，causing subevent 是事件结构三个重要的子事件之一。由此可见，"致使"是影响动词论元实现的重要因素。在题元系统理论中，特征值 c 并不是简单得等同于致使者角色。Reinhart（2000）指出，特征值 c 与两种致使关系相关联：（1）使能关系（enablity）：e 是事件 P 的可能启动者，当 e 被认为是事件 P 发生的必要条件时，使能关系成立。例如，在句子 Max entered the pool and drawned 中，进入游泳池是溺水的必要条件，但这不是一个充分必要条件，因为进入游泳池不一定意味着溺水。（2）致使关系（causality）：e 是事件 P 的致使者，当 e 被认为是事件 P 发生的充分必要条件时，致使关系成立。例如，在句子 The vase fell on the floor and broke 中，花瓶坠落事件与花瓶破碎事件在逻辑上是息息相关的。根据这一解释，当 [+c] 特征与由动词表示的事件的参与者相关联时，事件参与者与动词事件的关系被解读为参与者通过其存在或动作为事件的发生提供充分必要条件；当 [-c] 特征与由动词表示的事件的参与者相关联时，事件参与者与动词事件的关系被解读为可能的关系。

　　特征值 m 是影响动词论元实现的另一个重要因素。在以往的论元实现讨论中，感知（sentience）、意图（intention）、生命度（animate）等特征常与施事、经事、影响者、活动者等能够高位句法投射的题元角色关联在一起（Dowty 1991, Grimshaw 1990, Jackendoff 1990）。但是，在题元系统中，动词题元本身是否具有 m 特征与动词题元的 m 特征是否作用于动词事件并不完全是一回事。例如，在句子 Mary peeled the apple 中，Mary 是 peel 事件的施事，施事具有生命属性并且其心理意图是导致事件的发生的关键因素；但是在句子 I sent this book to Mary 中，Mary 是受益者角色，Mary 既有生命属性也有心理感知或心理意图，但是这些特征的存在并不完全影响 send 事件的发生；而在句子 The storm broke the window 中，the storm 既无生命属性也无心理状态，它照样导致了 break 事件的发生。因此，题元系统中特征值 m 的关键作用在于，它只表示在动词事件中，事件参与者的心理状态是否对事件有影响，是否与事件相关。当［＋m］特征与由动词表示事件的参与者相关联时，参与者的心理状态与事件相关并影响事件；当［－m］特征与由动词表示事件的参与者相关联时，参与者的心理状态与动词事件的关系只能解读为可能的关系。

在题元系统中，特征值 c 和特征值 m 的不同组合方式形成了八个不同的题元特征丛，除此之外，还有一个执行特别程序的空特征丛。题元特征丛是用来编码动词题元和描述动词题元的。题元特征丛的详细说明见表 2－1：

表 2－1　　　　　　　　theta 特征丛

θ-cluster	Traditional label
a. ［＋c＋m］	agent
b. ［＋c－m］	Instrument
c. ［－c＋m］	experiencer
d. ［－c－m］	theme/patient
e. ［＋c］	cause
f. ［＋m］	sentient
g. ［－m］	subject matter/target of emotion (typically oblique)
h. ［－c］	goal/benefactor (typically dative/PP)
θ-cluster	Traditional label
i. ［ ］	arbitrary①

Notation：
［α］= feature cluster α
/α = feature (and value) α
　　eg. the feature/＋m occurs in the clusters ［＋c＋m］, ［－c＋m］ and ［＋m］
［/α］= a cluster one of whose features is /α
　　eg. ［/－c］ clusters are ［－c＋m］, ［－c－m］ and ［－c］
［＋］= A cluster all of whose features have the value ＋

(Reinhart, 2016：94)②

---

①　［ ］标记空特征丛，表示任指。它是 Marelj（2004）讨论英语中动时态时提出的特征丛，后来被添加进题元特征丛列表。

②　本章所列的题元特征丛是所有题元系统理论文献中对题元特征丛最清晰、最完整的描述，其他类似描述还可参考（Reinhart 2002：238－239）或者 Tanya Reinhart 2005 年的 Theta System 课程讲义（1）https：//offline. hum. uu. nl/~tanya. reinhart/personal/

表2-1中包含两个特征值的题元特征丛（a-d）被称为完全标记特征丛，只有一个值的特征丛（e-h）被称为不完全标记特征丛。相较而言，不完全标记的特征丛比完全标记的特征丛具有更大的解释自由度。左栏的题元特征丛与右栏的传统题元角色并非完全对应的关系。题元系统不讨论题元角色，仅讨论动词的题元特征，这里出现的传统题元角色可以理解为与特征丛相关的最典型角色，表中的题元角色只是方便理解动词题元特征丛的标签。所以在题元系统的理论框架中，题元特征丛与具体题元角色的对应必须在句法语境中获得解释。我们分别以关涉+c特征值和+m特征值的题元特征丛来说明题元特征丛是如何被解释的。

+c特征值一定是与致使事件紧密相连的，通常会自然得把具有+c值的动词题元理解为致使者角色。但是，Reinhart（2000）发现，在表征致使事件的句子中，不存在只能以致使者（自然力、环境条件等）为主语论元的情况，施事或者工具都可以成为致使事件的触发者或驱动力并且实现为主语论元，如例（6）所示：

(6) a. Max opened the window.
　　b. The key opened the window.
　　c. The storm opened the window.

在题元系统中，open事件的主语论元可以分别被标记为 [+c+m]（Max）、[+c-m]（the key）和 [+c]（the storm），这三个特征丛的区别不仅仅体现在它们所对应的题元角色不同，更重要的区别在于它们反映了在致使事件中动词的哪些语义特征起着突出的作用。凸显的语义特征不同，论元实现的结果必然不同。以上三个特征丛都可以解释为"致使者"，但是仅用"致使者"却无法说明三者的差异。如果事件的致使者标记为 [+c+m]（如Max），说明动词事件是一个引起变化的事件，而且事件致使者的意图是动词事件的重要动因。此时事件的致使者牵涉c和m两个维度，这意味着，此事件不但具有致使性，还强调致使者的心理状态属性，此时致使者要被解释为施事；如果事件的致使者标记为 [+c]（如 the storm），说明动词事件是一个引起变化的事件，但是事件致使者的心理状态或生命度与事件无关，那么这个事件的致使因只牵涉一个维度 c。这意味着，此事件强调致使者的无生性，更倾向于解释为自然力的致使因；如果事件的致使者标记为 [+c-m]（如 the key），说明动词事件是一个引起变化的事件，事件致使者的心理状态或生命属性与事件无关，但是致使者的存在充分必要前提是事件施事存在。也就是说，如果事件的施事实现为事件致使者，那么致使者标记要被替换为 [+c+m]；如果事件的施事存在，但并不实现为致使者，那么这个事件的致使者必须是 [+c-m]。这意味着，此事件的致使者附属于施事但不具有生命度属性，因此它常被解释为工具致使因。由此可见，虽然三个特征都共享特征值 +c，但是 [+c] 特征丛却不能完全替代其他两个特征丛，它们的差异性主要体现在动词语义关系识解的角度和粒度上。

至于特征值 +m，它也分别牵涉 [+c+m]、[-c+m] 和 [+m] 三个题元特征丛。[+c+m] 在以上已经讨论过，它常被解释为施事角色。[+c+m] 与 [-c+m] 共享 +m 值，说明动词事件都与心理状态变化有关而且题元都是有生的；二者的差异体现在 c 值上，+c 是事件的促发者或致使者，那么 -c 就意味着事件的承担者、影响者或者经历者。当 [-c+m] 与 [+c+m] 或 [+c] 共同出现时，[-c+m] 总是占据宾语论元的位置（如 7a，7c）；当 [-c+m] 单独出现时，它被指派给主语论元（如 7b，7d）。具有 [-c+m] 特征丛的题元和"经历"动词（experiencing verbs）共现，[-c+m] 常常被解释为经事角色（experiencer），并且这类动词经常有经事宾语论元和经事主语论元替换的现象（如 7a-b，7c-d）[①]。

[①] Reinhart（2000）将语言中的这种替换现象称为 experiencer alternations，并指出经历动词的二元形式是基础，一元形式是经过了词汇操作后的结果。另外，英语中经历动词的一元替换结构中，动词有非作格形式（7b）和形容词形式（7d）两种。

(7) a. Something / Max worried Lucie.

b. Lucie worried.

c. This /The stranger scared Max.

d. Max was (got) scared

对于 [+m] 特征丛而言,它不像 [+c+m] 那样动词事件牵涉致使者和心理状态两个维度的因素,影响 [+m] 动词事件的只有心理状态因素或者生命属性;它也不会像 [-c+m] 那样由于-c特征指的存在,影响动词事件的只能是受影响的、受控制的心理因素。具有 [+m] 特征丛题元只和感知动词 (sensing verbs) 共现, [+m] 常被解释为感事 (sentient) 角色。这意味着影响动词事件的心理因素是自发的、主动的, [+m] 特征只能指派给动词的主语论元,常见的感知动词有 know, believe, cry, laugh 等。由此可见, [+c+m]、[-c+m]、[+m] 三者的区别不仅仅表现在题元特征的语义解释上,更重要的区别体现在动词题元的句法实现上。

通过以上对具有+c特征值和+m特征值的题元特征丛的解析,可以看出,题元特征丛不但有效地对动词语义进行了解释,而且成功地避免了题元角色数量不确定、题元角色定义不统一、题元层级映射论元显著度等问题。但是,用题元特征丛取代题元角色只是为题元的定义奠定了概念基础,并没有解决论元实现中的题元选择之惑和非宾格动词归类之惑。所以,题元系统还需要基于题元特征丛,通过词汇操作(也称题元操作)、词汇标记和论元合并顺序指导等前句法操作程序来处理论元实现中的棘手问题。

(二) 词汇操作

题元特征编码针对的是动词概念所表达的基本语义关系,题元特征以形式化的表征取代了题元栅中的题元角色,如例(8):

(8) a. Verb entry: *wash* < agent, patient >

b. Max washed this shirt.

c. ∃e（wash(e) & Agent(e) = Max & Patient(e) = this shirt）

（8a）是动词 wash 的基本题元栅信息，（8b）是根据题元栅推导出的句法表征，（8c）则是句法的语义表征。采用题元特征编码方法，（8）中的语法信息可以重新表征为（9）：

(9) a. Verb entry: *wash*（[+c+m] [-c-m]）

b. Max washed this shirt.

c. ∃e（wash(e) & [+c+m](e) = Max & [-c-m](e)
= this shirt）

再来看例（10），它们分别是 wash 的及物动词句、wash 被动句和 wash 不及物动词句：

(10) a. Max washed this shirt.

b. This shirt was washed.

c. Max washed.

（10a）中动词的题元栅编码信息是 *wash*（[+c+m] [-c-m]），（10b）中的动词题元栅编码信息是 *wash*（[-c-m]），（10c）中的动词题元栅编码信息表征为 *wash*（[+c+m]）。如果假定动词词库中有三个不同的 wash，那么用这个题元栅编码信息的描述就可以完成任务了。问题是同一个动词在词库存在三个不同的词条，不但不利于解释语言中的论元实现灵活性问题，而且也不符合一般的语言直觉。所以，必须要承认，当同一个动词可以出现在不同的句法结构中时，动词的题元栅一定经历了变化，题元系统的工作就是要解释怎样的机制使得动词题元栅发生了变化。

Reinhart（2002）指出，在题元系统中基础题元栅（basic theta grid）信息和词汇操作程序（lexicon operation）负责解读题元栅的变化。基础题元栅表征的是动词已经形成的、规约化的、相对凝固的语义属性。基础题元栅是词汇操作程序的基础。基础题元栅信息存在的理论依据是词汇同一性假设（Lexicon Uniformity Hypothesis，LUH），即"每个动词概念仅对应一个拥有基础题元栅的词条，换言之，给定动词的各种语义结构变化都是由一个基础题元栅经过词汇操作派生而来的"（Reinhart 2000：5；2016：5）。动词的基础题元栅和派生题元栅具有同一性，说明它们虽然在表征形式不同，但是在根本上是同源同质的。派生题元栅是词汇操作作用于基础题元栅的结果。词汇操作程序也称题元栅操作程序（arity operation）或价变化操作程序（valence-changing operation）。大体上，题元系统通过饱和操作（saturation）、约减操作（reduction）、扩展操作（expansion）三类具体操作程序，修改或者调控基础题元栅中的题元信息，派生出与基础题元栅有关联的新题元栅，为相关的句法结构推导做准备。

第一类操作程序是饱和操作，也称关闭操作，它主要用来解读被动句和中动句的句法构建，如：

(11) a. Peter broke the vase.
  b. The vase was broken.
  c. The vase was broken by Peter.
(12) a. He drives the car quickly.
  b. The car drives quickly.

在例（11）中，动词的基础题元栅是 *break*（[+c+m][-c-m]），主动句（11a）是直接由动词 break 的基础题元栅推导出的；被动句（11b）则是词汇操作控制了[+c+m]特征丛，将基础题元栅调控为 break（[-c-m]）形式，再通过论元合并而生成的句子。根据（11c），被词汇操作控制的[+c+m]特征丛可以通过添加旁格的方式重新获得句法实现。这说明，（11b）中经历了词汇操作的题元栅只是在语义上限制了基础题元栅中的[+c+m]特征，并没有真正删除这个特征。这种语义上保存但句法上不实现的题元操作称为被动化（passivization）操作，此操作可以在句法表征上实现减元的效果。另一种类似的词汇操作是中动操作，如例（12）所示，动词的基础题元栅是 drive（[+c+m][-c-m]），它直接推导出（12a）。而（12b）则是由任意化（arbritrarization）词汇操作（Marelj 2004）形成的。这种词汇操作将基础题元栅中的[+c+m]特征掏空，形成空特征丛[ ]。派生题元栅表征为 drive（[ ][-c-m]），这意味着在语义上[ ]特征丛存在，而且解释为任指性（arbitrary）。由于空特征丛无法获得句法实现，所以具有[-c-m]特征的题元填充至句法主语位置，使得句法结构表征为一元动词句。

这里的被动化操作和任意化操作都是词汇饱和操作，二者的具体操作程序虽然不尽相同，但都是有语义无句法实现的操作。饱和意味着派生题元栅的题元数量实质上依然是满额的（因为保存了语义信息），只是在形式上表现出缺失了题元（减元表征）。这种缺失其实是关闭了基础题元栅中的一个题元，在条件许可的情况下被关闭的题元可以重新打开，因此，饱和操作适用于（至少）具有两个题元特征丛的基础题元栅。以上饱和操作的语法表征如例（13）所示：

(13) a. verb entry：break（[+c+m],[-c-m]）
　　　　Saturation：break（X,[-c-m]）（passsivization）
　　b. verb entry：drive（[+c+m],[-c-m]）
　　　　Saturation：break（Ø,[-c-m]）（arbitrarization）

总之，饱和操作的关键是关闭具有+c特征值的外部论元，只留下内部论元。被关闭的外部论元在操作后保留其语义，但限制其句法表达，需要时可通过其他语法手段恢复其句法表达。

第二类词汇操作是约减操作。恰如其名，约减就是要将基础题元栅中的题元数目删减掉。被删减的题元既不能保存其语义信息，也不可能获得句法实现。因此，约减操作和饱和操作相互排斥。和饱和操作一样，约减操作也适用于（至少）具有两个题元特征丛的基础题元栅。常见的约减操作有自反化（reflexivization）操作和去主语化（expletivization）操作两类。在以下例句中：

（14） a. Lucie washed/dressed/shaved Max quickly.

　　　 b. Max washed/dressed/shaved quickly.

　　　 c. Max washed/dressed/shaved himself quickly.

动词wash/dress/shave属于同一类动词，它们的基础题元栅都可表征为V（[+c+m]，[-c-m]），并据此推导出二元句式（14a）。当词汇操作将题元栅中的题元特征丛[-c-m]约减后，产生了此类动词的派生题元栅V（[+c+m]）。派生题元栅使动词变成了具有自反功能（SELF-function）语义特征的一元动词，并由此推导出相应的一元句式（14b）。（14a）和（14b）是语言中常见的一类及物—不及物交替现象，交替操作的程序就是被称为自反化的词汇约减操作，自反化约减操作只针对部分动词的[-c-m]特征丛。至于（14c），它在句法表征上类似于（14a），在语义解释上又类似于（14b）。Reinhart & Siloni（2005）依然将（14c）归并为自反操作的结果。这是因为（14c）中的自反代词oneself与动词的题元栅并没有关系，它的存在仅仅是强化了派生题元栅赋予动词的自反功能，oneself是附加语义信息在句法上的特殊表征形式，是具有参数意义的语法表征①。

(15) a. Max/the key/the wind opened the door.
b. * Max/the key/the wind opened.
c. The door opened.

在例（15）中，动词 open 的基础题元栅是 open（[+c+m]，[-c-m]），但是，动词的题元特征丛 [+c+m]（Max）可以被特征丛 [+c-m]（the key）或者特征丛 [+c]（the wind）替换，三个可能的动词题元特征丛共享 +c 特征值。open 的基础题元栅可以推导出二元句式（15a）。当动词的基础题元栅被约减操作时，如果像自反操作一样取消动词的题元特征丛 [-c-m]，我们会获得派生题元栅 open（[+c+m]／[+c-m]／[+c]），但是据此派生题元栅推导出的句子（15b）却不合乎语法规范。这是因为动词 open 的外部论元必须具有致使性或启动性，当事件的致使者或触发者存在时，open 表达一个动作事件，作为致使结果或者变化状态的事件参与者不能缺失，否则句子无法通过语义推理核查；如果约减操作取消了动词基础题元栅中的特征丛 [+c+m]／[+c-m]／[+c]，我们会获得派生题元栅 open（[-c-m]），据此题元栅推导出的一元句式（15c）合乎语法规范。这是因为，此时动词 open 表达的是状态事件，不需要具有 +c 特征值的事件致使者或触发者，而且事件与参与者的心理状态也没有任何关系，所以约减操作后留下的题元特征丛 [-c-m] 能够通过语义推理核查。(15c) 中的约减操作被称为去主语化操作，而且去

---

① 根据 Reinhart & Siloni（2005）的发现，法语中与（14c）类似的表达，就经历了完全不同的自反操作。在法语中，自反操作不是约减操作，而是打包（bundling）操作，由于代动词 se，动词 laver 题元栅中的特征丛 [+c+m] 和 [-c-m] 都合并到句子的主语论元中去了，见下例：
a. Jean se lave.
b. IP：[Jean $_{(θ1-θ2)}$ [se lave$_j$ [$_{vp}$ t$_j$]]]

主语化操作只适用于具有+c特征值的题元特征丛。(15a)和(15c)就是语言中常见的动词及物—非宾格交替现象。

(16) a. The father/ *The spoon/ *Hunger fed the baby.
      b. *The baby fed.
      c. The baby was fed by the father.

再来看例(16)，动词feed的基础题元栅是feed（[+c+m]，[-c-m]），其中动词的外部论元只能具有[+c+m]特征丛（如the father），不能替换为特征丛[+c-m]（如the spoon）或者特征丛[-c-m]（如hunger）。这是因为feed事件要求事件的启动者必须具有生命属性，所以题元特征丛[+c-m]和[-c-m]不能通过语义推理的核查。再者，根据例(15)的解释，feed基础题元栅中的题元特征丛[+c+m]中也具有+c特征，理论上也可以进行去主语化操作，但是，词汇操作后派生的题元栅feed（[-c-m]）却无法推导出正确的句子。这是因为，动词feed的无法表达一个自发的，无意图的状态事件，也不能表达一个自反性的事件，所以(16b)无法通过语义推理核查。由此可见，唯一可行的减元操作是通过饱和操作获得被动句式（如16c）。(16b)的不合法意味着动词feed只有及物动词的用法，它没有及物—不及物交替，也没有及物—非宾格交替。

(17) a. Max /Something worried Lucie.
      b. Lucie worried.

至于动词worry，它的基础题元栅是worry（[+c+m]/[+c]，[-c+m]），动词的题元特征丛[+c+m]和[+c]都符合worry事件的语义要求。而且根据(15)中的论述，具有+c特征值动词外部论元都可以进行去主语化操作，由此动词的基础题元栅派生为worry

([-c+m]),并依据此派生题元栅推导出一元句式(17b)。这是因为,worry是经历动词,经历动词事件要求至少有一个事件参与者是具有生命属性的,约减操作后留下的题元特征丛[-c+m]完全符合要求,能够通过语义推理核查。(17a)和(17b)也是常见的动词及物—不及物交替现象。对比(15c)的非宾格一元动词,(17b)是非作格一元动词。

根据以上分析,不论是自反化操作,还是去主语化操作,词汇的约减操作共享以下三个属性:(1)约减操作只适用于外部论元具有+c特征值的二元动词或多元动词;(2)约减操作减少动词的宾格特征(14c是一个特例);(3)约减操作与饱和操作是相互排斥的(动词的基本题元栅只能应用其中的一个)。

第三类词汇操作是用来构建因果关系的,称为扩展操作。与饱和操作和约减操作这样的减元操作相比,扩展操作是在基础题元栅中增加题元数目的操作,它属于增元操作。扩展操作相当于致使化操作,而致使化操作有词汇的和句法的两类,它们的操作方法和操作结果有相当大的差别。题元系统关注的是词汇致使化操作。词汇致使化操作只适用于一元动词,如(18):

(18) a. They ran / galloped /walked
 b. She ran /galloped /walked the child.
 c. They worked hard.
 d. She worked the young men hard.

这里的一元动词句(18a,18c)是根据动词(run, gallop, walk, work)的基础题元栅信息V([+c+m])推导出的。既然要进行致使化操作,那么基础题元栅中就需要增加表示致使性特征的题元。根据上文关于约减操作的论述,去致使化操作时取消的是带有+c特征值的动词题元特征丛,那么致使化操作从理论上来说应该是反向操作,即添加一个具有+c特征值的动词题元特征丛。任何动词的题元栅都不能同时拥有两个外部题元，所以动词原来的外部题元要被降为内部题元。内部题元没有致使性，只是动词事件的经历者或者受到动词事件的影响，所以它不能再拥有+c特征值，其题元特征丛需要修正为［-c+m］或者［-c-m］。经过这样的致使化操作，动词的派生题元栅可能表现为 V（［+c+m］/［+c-m］/［+c］,［-c+m］/［-c-m］）。根据派生题元栅我们可以推导出相关的二元动词句（18b，18d）。例（18）呈现的是动词的不及物—及物交替现象。

在已有的致使化实例中（见19），我们发现增元操作后，添加具有［+c+m］特征的题元为动词的外部论元，能够推导出的句子合乎语法规范，但是，添加具有［+c-m］特征或者［+c］特征的题元为外部论元时，却无法获得语法正确的句子①。

(19) a. Max / *The leash / *Hunger walked the dog to his plate.
b. Max / *The whip / *The rain galloped the horse to the stable.
c. Max/ *The library/ *The sense of shame worked the young man hard.

出现这种情况的原因是，具有［+c-m］特征（工具）或者［+c］特征（致使者）的题元与动词的基本语义属性无法匹配，语义推理禁止了这些致使因，只允许［+c+m］特征的题元获得核查。由于［+c+m］特征题元经常被解释为施事，所以 Reinhart（2002）认为，词汇扩展操作更好的名称应该是施事化操作（agentivization），并以此来区别句法致使化操作即在句子中添加动词 make，改变原句

---

① 对英语的经历动词（如：worry，excite，scare，surprise）而言，扩展操作可以添加具有［+c+m］特征和［+c］特征的题元作为派生题元栅的外部题元：
a. Max worried Lucie. → Max［+c+m］
b. Something worried Luce. → Something［+c］

式，如：

(20) a. The rain made the horse gallop to the stable.
b. The sense of shame made the young man work hard.

另外，增元操作后，可以转变为动词内部论元的题元特征也有两种可能性，即［-c+m］特征丛或者［-c-m］特征丛。二者的区别仅在m值上，±m只是用来区分题元的心理状态或者生命属性有无影响事件。所以，对经历动词而言，派生题元栅信息的内部题元应表征为［-c+m］（见17a）；对于其他允许扩展操作的动词而言，派生题元栅信息的内部题元应表征为［-c-m］（见18，19，20）。

通过以上分析，针对题元共现问题（当一个动词题元栅需要两个及以上题元时，如何保证这些题元可以共现），Reinhart（2002：264）提出了特征丛区分原则（Cluster Distinctness Constraint，CDC）①：

(21) i) 两个不具有区分性的题元特征丛不能同时实现在同一个动词题元栅中；
ii) 区分性：两个特征丛 α 和 β 是具有区分性的，当且仅当
(a) 它们至少共享一个特征；
(b) 它们至少有一个特征或一个特征值不共享。

所有的题元栅扩展操作都必须符合特征丛区分原则的区分性要求，否则题元栅操作不合格，推导出的句子无法通过语义推理核查。在(22a) 动词 worry 的派生题元栅（［+c+m］，［-c+m］）中，两个

---

① Cluster Distinctness Constraint：
a. Two indistinct θ-clusters cannot be both realized on the same predicate.
b. Distinctness：Two feature-clusters α, β, are distinct iff
　a) they share at least one feature, and.
　b) there is at least one feature or value which they do not share.

题元特征丛具有区分性，因为它们共享一个+m特征值，满足区分原则（ⅱ-a），所以两个题元可以共现。在（22b）动词run的派生题元栅（[+c+m]，[-c-m]）中，两个题元特征丛也具有区分性，因为它们不共享任何特征值，满足区分原则（ⅱ-b），所以动词的两个题元可以共现。

(22) a. verb entry：*worry*（[-c+m]）
　　　　Agentivization：*worry*（[+c+m]，[-c+m]）
　　 b. verb entry：*run*（[+c+m]）
　　　　Agentivization：*run*（[+c+m]，[-c-m]）

总之，扩展操作需要两个步骤才能完成：一个步骤是去致使化操作，将原题元栅信息中的特征值+c修改为-c，修改后的特征无法具有施事性特征；另一个步骤是添加施事性特征丛，施事化修改后的题元栅信息如下所示：

(23) Causativization
　　 a) *Decausativize*：Change a ∕ +c feature to a ∕ -c feature.
　　　　walk（[+c+m]）- - - > walk（[-c+m]）
　　 b) *Agentivize*：Add an agent role.
　　　　walk（[-c+m]）- - - > walk（[+c+m]，[-c+m]）

综上所述，题元系统中的题元栅操作是关涉动词论元实现的重要步骤。词汇同一性假设解释了动词基础题元栅和派生题元栅之间的相关性和变化性，为动词论元在句法中的灵活实现提供了理论依据。饱和操作、约减操作、扩展操作三类具体的词汇操作程序从技术上保证了动词多重论元实现的可能性。饱和操作和约减操作是对动词论元结构的调控，旨在解释动词论元结构中论元数目变化的机制。扩展操作则是概念形成的操作，它创造了一个全新的概念，并构建了一个新的论元结构。总之，题元栅操作的结果为动词题元（语义特征）和论元（句法特征）的合并提供了准备条件。

（三）合并操作

前句法程序的第三个环节是动词题元和论元的合并操作程序。Reinhart（2002）提出由两个操作步骤来预测动词题元（语义信息）和论元（句法信息）的合并。第一个步骤是标记题元栅中的题元特征丛，称为词汇标记（lexicon marking）。第二个步骤是依据合并指导原则（merging instructions），确定动词题元和论元合并的顺序。需要说明的是，词汇减元操作在词汇标记之后执行，即已经被词汇标记的题元栅才可执行题元栅的饱和操作或者约减操作程序；而词汇增元操作是在词汇标记之前进行的，恰好与减元操作的程序相反。另外，题元栅中已经词汇标记的题元特征丛按照合并指导原则的顺序执行动词的题元和论元的合并，无词汇标记的题元特征丛则依据题元栅的具体分布情况，参考合并指导原则进行动词合并。

题元系统遵循 Williams（1981）的词汇标记方法，即动词的外部论元标记为 1，内部论元标记为 2。题元系统对动词题元栅中的题元特征丛按以下规则进行标示：

（24）词汇标记[①]（Reinhart 2002：246）

  假设有一个 n 元动词，n>1

  a. 具有 [－] 值的特征丛被标记为 2

  b. 具有 [＋] 值的特征丛被标记为 1

[①] Lexicon Marking：
Given an n－place verb－entry, n>1,
a. Mark a [－] cluster with index 2.
b. Mark a [＋] cluster with index 1.
c. If the entry includes both a [＋] cluster and a fully specified cluster [α, －c], mark the verb with the ACC feature.

c. 如果题元栅中包含 [+] 值的特征丛和完全标记的特征丛 [- c/α]（即 [- c - m] 特征丛或者 [- c + m] 特征丛），那么动词具有宾格，被标记为 ACC

根据词汇标记规则，theta 系统中题元栅的题元特征丛的标记结果见表 2 - 2：

表 2 - 2　　　　已标记题元特征丛（marked θ-clusters）

θ-clusters	[+]₁	[-]₂	V_{acc}
	[+ c + m]	[- c - m]	([+ c + m], [- c - m] / [- c + m])
	[+ c]	[- c]	([+ c], [- c - m] / [- c + m])
	[+ m]	[- m]	([+ m], [- c - m] / [- c + m])

注：混合值特征丛 [+ c - m] 和 [- c + m] 是无词汇标记特征丛。

题元特征丛被标记后，动词的题元和论元将按照合并指导原则规定的顺序进行合并。合并指导原则的具体内容如下：

(25) 合并指导原则①：（Reinhart 2002：247）
　　a. 在不违反其他规则的情况下，题元合并为外论元。
　　b. 标记为 2 的题元合并为内论元。
　　c. 标记为 1 的题元合并为外论元。

题元系统中题元合并的基本指导思想是，已标记题元特征丛必须按照合并原则强制合并为外部论元或内部论元，而未标记题元特征丛

---

① Merging Instructions：
a. When nothing rules this out, merge externally;
b. An argument realizing a cluster marked 2 merges internally;
c. An argument with a cluster marked 1 merges externally.

的位置合并比较自由，主要由句法系统提供可允许的位置，可能具有不同的句法实现。

结合词汇标记规则和合并指导原则，具有［+c+m］／［+c］／［+m］特征丛的题元均强制性地合并为外部论元，通常占据句法主语的位置。由于句法只能提供一个外部论元位置，所以没有任何动词能够同时实现多个具有［+］值的题元特征丛与外部论元合并的情况，这是无须争论的语言事实。同理，具有［-c-m］／［-c］／［-m］特征的题元均强制性地合并为内部论元，通常内部论元占据句法宾语的位置。由于句法能提供内部论元的位置不止一个，所以动词可以有携带多个［-］值题元特征丛与内部论元合并的情况。以英语为例，动词 send, give, put, peel 等可以提供多个宾语位置，只是具有［-c-m］特征丛的论元可以直接占据宾语位置，而具有［-c］／［-m］特征丛的论元则需要由介词或者与格的方式引入宾语位置。

在题元系统中，词汇编码、词汇操作（题元栅操作）、词汇标记以及合并指导原则通过题元特征丛完成了动词语义与句法结构关联的所有准备工作。题元系统的整个工作流程为解释动词论元结构变化的可能性既提供了理论依据又给予了技术支持。

（四）题元系统操作用例

本小节以动词 open 为例，呈现动词论元的推导生成过程，展现题元系统对具体动词论元实现问题的阐释方式和解读能力。动词 open 是动词交替现象中最经典的例子，题元系统理论通过对不同句式中 open 论元实现的描写，解读了 open 可替换原因，说明了 open 如何完成交替的过程。

(26) a. Max/The wind/The key opened the door.

b. Max opened the door with the key.

c. The door was opened (by Max/the wind/the key).

d. The door opened.

在这组由动词 open 构成的句子中，要想找出所有句式的构建合乎语法的原因还是要从动词的基本题元栅开始。毫无疑问，根据动词 open 的固有语义特征，其基本题元栅可表征为 open（[+c+m]/[+c]/[+c-m]，[-c-m]）；按照词汇标记规则，[+c+m]/[+c] 被标记为 1，[-c-m] 被标记为 2，特征混合特征 [+c-m] 无词汇标记；遵循合并指导原则，[+c+m]/[+c] 合并为外部论元，[-c-m] 合并为内部论元，无词汇标记的 [+c-m] 题元视具体情况合并。基于以上表述，动词 open 的基本题元栅可以推导出（26a）和（26b）。

(27) 基本题元栅： open（[+c+m]/[+c]/[+c-m]，[-c-m]）

词汇标记： open（[+c+m]$_1$/[+c]$_1$/[+c-m]，[-c-m]$_2$）

合并指导： [+c+m]$_1$/[+c]$_1$ → external argument

[-c-m]$_2$ → internal argument

[+c-m] → external argument/internal argument (oblique)

输出： [+c+m]/[+c]/[+c-m] open [-c-m]

eg.（i） Max$_{[+c+m]}$/The wind$_{[+c]}$/The key$_{[+c-m]}$ opened the door$_{[-c-m]}$.

（注：[+c+m]/[+c] 都被标记为 1，都可以合并为外部论元；[+c-m] 无标记，所以它的合并位置比较灵活。鉴于动词只能提供一个外部论元的位置，所以上述三种情况在论元实现时只能任选其一。[-c-m] 被标记为 2，只能合并为内部论元。）

eg. (ii) Max$_{[+c+m]}$ opened the door$_{[-c-m]}$ with the key$_{[+c-m]}$。

(注：根据合并指导原则，标记为1的题元特征丛［+c+m］必须合并为外部论元，标记为2的题元特征丛［-c-m］必须合并为内部论元。动词只能提供一个外部论元，但是可以携带多个内部论元，所以，在外部论元和直接内部论元都已合并的情况下，无标记的［+c-m］只能合并为内部论元，并且以旁格的形式出现）

其实，Reinhart（2000）已经注意到题元特征丛［+c+m］和［+c-m］之间的内在联系。当动词题元栅中存在［+c+m］特征丛时，不一定意味着［+c-m］的存在。但是，当题元栅中存在［+c-m］特征丛时，一定意味着［+c+m］的存在，虽然［+c+m］不一定有句法实现。如果题元特征丛［+c+m］合并为外部论元，获得了句法实现，那么［+c-m］只能合并为内部论元；如果题元特征丛［+c+m］没有在句子中实现，那么［+c-m］可以合并为外部论元。通常，题元特征丛［+c+m］被解释为施事，［+c-m］被解释为工具。工具题元的出现一定暗含施事的存在，所以在以往的题元角色层级中，工具角色并非动词的核心题元，却往往获得较高位置的句法实现（参考 Fillmore 1968，1971；Jackendoff 1972；Baker 1988；Bresnan & Kanerva 1989 等）。因此，对于英语中的方式动词（如 peel、cut、chop、drill、screw、sow 等）而言，动词的基本题元栅就表征为 V（［+c+m］，［-c-m］，［+c-m］），由它推导出的句子就关涉题元特征丛［+c+m］和［+c-m］之间的内在关系问题，所以句子 Max peeled the apple with the knife. ／ The knife peeled the apple. 都是符合语法规范的。

回到动词 open 的论元结构问题。对比句子(26a, 26b),(26c, 26d)是减元的句法表征。因为动词 open 的基础题元栅中的题元特征丛多于一个,而且特征丛 [+c+m]/[+c]/[+c-m] 共享 +c 特征值,所以,根据题元系统的词汇操作规定,饱和操作和约减操作都适用这组特征丛。饱和操作关闭了具有 +c 特征值的题元,而约减操作则是删除了具有 +c 特征值的题元。词汇操作修改了基础题元栅,减元操作后的派生题元栅只保留了一个题元特征丛 [-c-m]。结合词汇标记规则和合并指导原则,题元特征丛 [-c-m] 被标记为 2,要求合并为内部论元。派生题元栅推导出的句子只有一个论元,表征为一元动词句。至于合并后的内部论元如何获得句法位置是计算系统(句法系统)需要根据语法要求解决的问题。以上减元操作的具体步骤如下:

(28) 基本题元栅: open ([+c+m]/[+c]/[+c-m], [-c-m])

词汇标记: open ([+c+m]$_1$/ [+c]$_1$/ [+c-m]$_1$, [-c-m]$_2$)

词汇操作: (i) Saturation: open ([-c-m]$_2$)

(ii) Reduction: open ([-c-m]$_2$)

合并指导: [-c-m]$_2$ → internal argument

输出: __ open [-c-m]$_2$.

eg. (i) The door $_i$ was opened t_i (by Max/the wind/the key).

(注:饱和操作只是关闭了基础题元栅中的具有 +c 值的题元特征丛([+c+m]/[+c]/

[+c-m])，在由派生题元栅推导出句子中，关闭的题元不能获得句法实现。但是在句法系统中，EPP原则要求任何句子都必须有主语，所以动词唯一的内部论元 the door 移位至句子的主语位置，内部论元填充了主语论元的位置。为了满足句子的被动意义，强调动词事件的致使因，句法系统通过 be opened 和 by 结构等形式操作修正句法表征。但是，从语义特征上看，被动结构的题元信息实际上与基础题元栅是一直的，由此看见，及物动词的主动—被动交替最终源于同一个基础题元栅，动词的类别无任何变化。）

eg. (ii) The door $_i$ opened t_i.

（注：约减操作删除了基础题元栅中具有 +c 值的题元特征丛（[+c+m]／[+c]／[+c-m]），修改后的派生题元栅只保留了题元特征丛（[-c-m]），据此只能推导出合并为内部论元的论元结构。在句法系统中，根据 EPP 原则，动词的内部论元移位填充至主语位置。最终的句法表征只描述事件的状态，不涉及事件的致使因。随着题元栅的变化，动词的类别也发生了变化，及物动词变成了非宾格动词。）

通过以上对动词 open 为何可以出现在多个句法结构中的分析，可以看出，动词题元栅的可操作性和变化性是动词论元结构变化的真正原因，在动词限制的语义范围内基础题元栅和派生题元栅的动态变化正是动词语义稳定性和流变性最好的诠释。

四 题元系统理论自身问题的说明

有学者对题元系统理论中题元特征值原生性问题和词库句法信息的冗余问题存有疑虑,在这里我们将对此做出尝试性的解释和说明,避免因理论自身问题的不明确而导致理论的解释力被削弱或者理论的可靠性被质疑。

(一) 题元特征值的原生性问题

Reinhart 在题元系统理论中将动词的题元特征归纳为 c 和 m 两个值,c 值表示致使或变化,m 值表示心理状态。这两个值都具有正负二分性,它们的排列组合构成了题元特征丛。被题元特征丛编码的动词是题元系统理论句法分析的起点。朱佳蕾、胡建华(2015)指出,题元系统理论虽然详细说明了题元系统和题元特征丛,但是并未就构成题元特征丛的 c 值和 m 值的原生性问题做出任何说明。为什么是 c 值和 m 值?确定它们作为基本特征值的依据是什么?本研究认为,虽然 Reinhart(2000,2002)没有单独对 c 值和 m 值的来源做出说明,但是她明确指出题元特征丛编码的研究思路来自 Dowty 的特征蕴含分析方法。Dowty(1991)认为,动词的语义关系是由动词的事件结构决定的,题元角色是依赖事件定义的。所以,原型施事角色和原型受事角色都是基于事件的题元角色。Reinhart 赞同并遵循了 Dowty 的研究理念,那么题元系统理论在为题元特征赋值时,c 值和 m 值的选择应该是基于动词事件结构的,所以,c 值和 m 值是动词事件赋予的题元特征。而且 Reinhart 将 c 值解释为致使或变化,致使性是动词的语法相关语义信息,致使性一定与动词致使事件息息相关并由此获得解释。由此可见,题元特征值 c 和 m 来源于动词事件,题元特征是对事件中参与者特征属性的高度概括。

关于选择 c 值和 m 值作为基本特征值的问题,本研究认为 Reinhart 在解释题元特征丛时已经做出了明确的说明。她指出,c 值和 m

值的既符合概念基础又有一定的理论依据。首先,"致使"是最基本的认知概念范畴之一,"致使"概念与所有动态的、复杂的事件相关联,致使一定会引起变化,带来改变,而且"致使"蕴含施事性、变化性、自主性、影响性等语义概念。在 Dowty(1991)的原型角色特征集合中,致使性(cause)、位移性(movement)、变化性(change of state)都是施事性动词的显著特征。Jackendoff(1987)将动作的启动者(施事)分为行为者(actor)、自主行为者(volitional actor)和事件外在激发者(extrinsic instigator of event)三种类型。吕叔湘(1982)将动词的致使义解释为使得止词有所变化。范晓(2008)指出,施事具有可欲性和影响性,可欲性相当指事件参与者自愿,有意图参与事件,而影响性则指事件对其他参与者带来的变化或造成的结果。如此看来,c 值可以最大限度地概括动态事件和复杂事件参与者的语义特征。m 值虽然被解释为心理状态,它与 c 值一样,蕴含着感知(sentience)、意图(intention)、意愿(volition)、生命属性(animate)等语义特征。心理状态常常与施事、经事、影响者、活动者等高位句法投射的题元角色关联(Dowty 1991;Grimshaw 1990)。因此与 c 值一样,m 值可以高度概括事件参与者的心理状态对动词事件的影响程度。既然 Reinhart 选择放弃使用传统的题元角色,又要在句法分析中遵循生成语法的最简主义原则,那么选择具有最大蕴含和最大概况性的特征对动词题元进行描述和定义无疑是最有效、最经济的方法。

(二) 词库和句法的冗余性问题

句法理论的冗余性问题和消除冗余的解决方案一直伴随着生成语法的发展。从转换生成语法(Transformatioinal Grammar,TG)到管约论(Government and Binding Theroy,GB)再到最简方案(Minimalist Program,MP),生成语法的每一次扬弃都是基于"最简主义(minimalism)"原则对句法结构的本质做出的阐释。最简主义顾名思义就是要求语言研究在方法论上构建最简单、最有解释力的理论。生成语法一直不断地践行着消除冗余性、减少复杂性、增加概括性、力求经济性的语言研究简单化、抽象化的指导思想。语言研究的简洁性原则（simplicity）充分体现了最简主义的精神。

生成语法的最简主义要求句法理论最大限度地减少复杂性和冗余性，用最少的原理和理论构件提供最具概况性和解释力的理论阐释。同时要求研究对象具有最优化、最简约的形式表征。生成语法句法理论的冗余性问题是从 GB 理论引入词库开始的，在 X－杠标理论中，词库的子语类范畴的选择信息与短语结构规则之间发生了冗余，与此同时移动 α 却最大限度地取消了转换规则中包含的冗余。词库似乎成为了造成冗余性的根源。于是 MP 提出了以合并为基础的句法模型，尽力消除 GB 理论中词库信息和句法运算的冗余性。MP 将句法运算简化为合并、一致、移位、EPP 核查等基本操作。为了与计算系统的约简性保持一致，生成语法内部出现了两种抑制词库信息与句法运算冗余的研究思路。一种思路是以功能结构作为句法生成构件的句法模型（Ramchand 1997，2008；Borer 2005a，2005b，2013），这种方法最大限度地减弱词库功能，力求通过句法运算推导句法结构，消除冗余。这种研究理念采用任务转移的策略，将词库中的所有句法信息都提取并归并到句法系统，以纯粹的句法运算解释句法生成的本质。这种以放弃词库为前提的消除冗余的方法还需进一步探讨。另一种思路是将词库信息特征化处理（Hornstein 2001，2009；Reinhart 2002；Hallman 2004），在保证词库特征不会引发移位的前提下，消除词库和句法的冗余，这样的研究方法在 MP 中可以被视为特征驱动的句法运算模型。题元系统理论就是特征驱动的句法运算模式的一种尝试。既要保留词库又要规避冗余，题元系统理论为此在语法系统中专门设计了题元系统。与以往生成语法各模块间通过连接规则形成的硬接口不同，作为接口的题元系统本身就是概念系统的中心部分，同时它也是句法系统的一部分，因此，概念系统与句法系统的连接根本不需要任何规则，题元系统具有概念、句法双重身份。题元系统理论将句法生成分解为前句法运算阶段和句法运算阶段，前句法运算阶段由题元系统负责，

第二章　理论框架的构建　◀◀◀　77

它不但编码动词的语法相关信息，还通过词汇操作使得题元和论元的合并在词库中完成；句法运算阶段的任务是通过移动和 EPP 核查操作对已经形成的论元结构进行调变使它获得合法的句法表征。基于这种设计，词库和句法的性质、约束条件、工作方法都不相同，可以最大限度地避免冗余。词库中的题元特征是已经编码的，依据特征丛区分原则、词汇标记原则、合并指导原则对动词题元栅进行词汇操作，词汇操作仅限应用于动词题元栅中，仅对动词题元角色起作用；依据"词库接口指南[①]"，进入句法运算系统的语法组件不能更改动词题元栅，既不能删除和修改动词题元角色，也不能向题元栅添加新角色。句法系统能为语法组件提供的只能是移动和 EPP 操作。题元系统和句法系统各司其职完成句法构建工作。我们认为，对于汉语这种无格变化和屈折变化的语言，从词库出发，以词为句法研究的基本单位，通过解析词的特征属性和相关规律来阐释由它们所构成的句法结构是相对合理的研究思路。

综上所述，题元系统作为特征驱动的句法分析模型，与其他论元实现理论相比，它的优势体现以下三个方面：第一，Reinhart 采用了题元特征丛的方式对题元进行形式化描述，这种基于排列组合方式题元特征丛编码方式既实现了用统一的、普遍的、有效的手段进行句法分析的理念，又符合"有限手段，无限运用"的思想。第二，题元系统的题元特征丛方法不仅避开了题元角色难以确定的困扰，词汇操作、词汇标记、合并指导原则的联合运用更是解决了题元层级带来的问题。第三，动词的基础题元栅和派生题元栅之间的动态变化，为动词论元在其语义限定范围内的灵活实现提供了技术的保证。除此之外，题元系统理论最大优势是它的可操作性，词汇操作程序和题元合并指导简

---

① The Lexicon Interface Guideline：
The syntactic component cannot change θ-grids：Elimination and modification of a θ-role as well as addition of a role to the θ-grid are illicit in syntax.

（Siloni 2002：385）

洁清晰地呈现了论元结构构建生成的整个过程。总之，题元系统理论是集描写性、解释性和操作性为一体的句法分析模型，它为解决论元实现问题提供了新的方案。

题元系统的词汇操作具有非常强的推导性，Reinhart（2000，2002）对词汇操作的具体方法、操作规程、推导步骤等都做出了详细的说明，但是，她对词汇操作的可能性和可行性前提却没有做出明确的说明。词汇操作作用于动词题元栅，实际上关涉的是动词语义问题。如果不能有效地说明不同类别动词之间的内在关联性，那么题元栅可调控、可修改、可派生就缺乏了理论依据。另外，题元系统的词汇操作显然是以及物动词的题元栅作为基础的，那么就有必要对及物动词的基础性地位给予合理的解释。为了能有效说明题元系统操作具有可行性，就必须对动词语义和事件结构的关联性做出合理解释。

第二节　事件转换模型

Reinhart 题元系统理论关于论元实现机制的解读中涉及及物动词、非宾格动词、非作格动词之间的内在关联性，而且题元系统词汇操作的基础是动词的题元栅是可变化的。但是，题元系统本身并没有对动词间的关系和题元栅可变化的问题展开讨论。本研究认为，题元栅的可变性与动词类别的可变性密切相关。因为决定动词类别的关键因素是动词事件，所以动词类别的可变性是由动词事件的可变性造成的。那么，动词事件如何变化？可变化的事件之间有怎样的内在关联性？可变化事件如何使得动词语义具有了动态性？本研究拟构建事件转换模型，并依据此模型对的相关问题做出解释和说明。

一　动词类别

确定动词类别是首先要讨论的问题。在传统的句法分析中，及物动词和不及物动词是二元对立的，二者之间界限清晰。及物动词的典型句法特征是动词拥有二个（或者三个）论元，其中动词的外部论元占据句法主语的位置，动词的内部论元是动词的宾语（直接宾语）；而不及物动词的论元数目只有一个，并且它只能出现在句法主语的位置上。这里讨论的是动词的配价论元，也就是基于动词词汇语义属性选择的核心论元即可以出现在主、宾语位置上的动词论元，并不包括不依赖动词语义选择的外围论元，即表示时间、地点、目的等附加论元。简而言之，动词可否带直接宾语是及物动词与不及物动词最直接、最直观的判断标准。但是，语言中及物动词和不及物动词交替现象（如 The door opened/she opened the door）却提出了关于动词和它们的主语论元之间本质关系的基本问题，同时也提出了及物动词和不及物动词之间有无内在关联性的问题。

  Perlmutter（1978）的非宾格假设是关于不及物动词与其外部论元之间的关系最具影响力的研究之一。他在及物动词和不及物动词二分的基础上，根据不及物动词主语论元的表现，将不及物动词又分为非宾格动词[①]（unaccusative verbs）和非作格动词（unergative verbs）两类。非宾语动词的主语在语义上与及物动词的直接宾语或被动语态中动词的主语相似，它不主动地启动动词活动或者不主动地负责动词活动；非作格动词的主语在语义上与及物动词的主语相似，它是动词活动的主动发起者和控制者。因此，非宾格动词的主语是动词的内部论元，而非作格动词的论元是动词的外部论元。Perlmutter 对不及物动词的一分为二的观点得到了许多研究者的支持（Burzio 1986；Lumsden 1988；Belletti & Rizzi 1988；Rappapport Hovav & Levin 1988；Bussmann 1996 等）。这样，传统意义上的动词二分范畴变成了独立的三个类别，即及物动词、普通不及物动词（非作格动词）和非宾格动词（作格动词）。Perlmutter 的三类动词具有相同的语法地位，区分的关键在于动

---

  ① Perlmutter（1978）在非宾格假设中没有使用常用的"作格动词"术语，而使用"非宾格动词"，主要原因是他认为非宾格动词不带有施事主语，不具有及物性，在句法表征上缺少结构宾语。

词主语论元的深层逻辑，尤其是动词内部论元的语法实现。深层结构中动词内部论元在表层结构中的语法占位是决定动词类别的最终标准。但是，按照Perlmutter的动词划分，我们只能获得动词与其主语论元逻辑关系的描述，却无法解释动词交替中的一些现象，如在非宾格动词类中，有的动词可以有及物交替形式（如：shine、sparkle、break、survive），而有的动词不存在及物交替词（如：exist、appear、emerge、occur）。同样，在他划分的非作格动词中，有些动词也可以有及物交替形式（如：walk、run、approach、vomit、cough 等）。

Dixon（1994，2000）也根据动词论元的性质和动词交替现象重新审视了及物动词和不及物动词。他认为在及物动词句中，主语论元是动词活动确实的（或可能的）启动者、致使者或控制者，而直接宾语论元是动词活动的受影响者或针对者，间接宾语论元则是动词活动延伸的关涉者。因此，及物动词的主语论元标记为 A（A = transitive subject/agent-like subject），直接宾语论元标记为 O（O = transitive object/patient-like object），间接宾语标记为 E（extended object）。不及物动词句的核心论元只有一个且只出现在句法主语的位置，它被标记为 S（S = intransitive subject/solo argument of intransitive verb）。但是相对于及物动词的句法表达，不及物动词的情况有时比较复杂，它的主语论元有可能是 A，也有可能是 O，所以它的变化状况标记为（i）$S = A/S_A$或者（ii）$S = O/S_O$。鉴于此，Dixon（2000：4）也将动词分为三类：第一类是严格的不及物动词（strictly intransitive verbs），它只能构建不及物动词句，其核心论元只能标记为 S 且必须是句子的主语，主语论元启动动词活动；第二类是严格的及物动词（strictly transitive verbs），它只能构建及物动句，其核心论元标记为 A 和 O，分别做句子的主、宾语；第三类动词是易变动词（labile verbs）或含混及物动词（ambi-transitives），它既可以出现在及物动词句中，也可以出现在不及物动词句中。当这类动词以不及物动词的句法特征构句时，动词的主语论元可以是 $S = A/S_A$（表示主语具有施事性），也可以是 $S = O/S_O$（表示主语具有受事性)。不同于 Perlmutter 的内部论元深层逻辑划分方法,在 Dixon 三类动词划分中,动词的语义特征是重要的参考标准。而且,他提出的含混及物动词类实际上是将及物动词作为了动词划分的基础,换言之,动词交替的本质是及物动词的推导结果。含混及物动词的不及物交替形式在动词本质上仍是及物意义的,只不过在句法上表现出不及物动词形态,它源于及物动词的转换机制,与严格的不及物动词基础不同。因此,不同于与 Perlmutter 的观点,Dixon 认为本质上动词仍然是及物动词和不及物动词二分的,含混及物动词只是及物动词的一种变体,不能划分为单独的词类。Dixon 的动词分类不但重点关注了具有及物—不及物替换现象的含混及物动词,还将动词的语义特征引入动词划分的参考标准,这无疑比只以句法形态区分动词类别的标准更加完善。但是,他对严格的不及物动词、严格的及物动词和含混及物动词之间的内在联系未做出进一步的说明。

动词交替现象的确给动词分类定位带来不小的麻烦。Davidse(1992)指出,大部分动词的常用法是即可以作为及物动词又可以作为不及物动词,这样传统的及物—不及物二元范畴意义不大,或许可以从及物性(transitivity)的角度来看待动词的表现。动词的及物性是连续统,连续统的两极分别是及物性模式和作格模式。及物性模式关注的是动词表示的动作,以及动作是否延及其他参与者,而作格性模式描述的是动词带来的结果。在及物性连续统中,及物性模式和作格性模式不是二元排斥的,二者在小句中的存在只是程度的差异,是此消彼长的关系。小句的及物性或作格性程度的高低决定着动词表现为及物动词或作格动词。因此,对不同的动词而言,动词 see 被描述为比动词 kill 具有"较低的及物性",原因在于两个动词所表示的动作对参与对象的影响程度不同;对同一个动词而言,动词 break 在句子 The vase broke 中被描述为比在句子 Mary broke the vase 中具有"较高的作格性",原因在于前句更侧重动词现象的描述。及物性为确定动词类别提供了新的视角。

动词及物性连续统的观点与体验主义认知学派的及物性原型观（Prototypical Transitivity）理论具有异曲同工之处。Hoppe & Thompson（1980）指出，动词的及物性不是动词本身的特征，它是小句甚至语篇的特征属性。动词的及物性是一个连续统的渐变过程，连续统的一端是及物性原型（拥有最多的及物性特征），另一端是不及物性原型（拥有最少的及物性特征）。这样，所有的动词都可以统一到及物性的标准之下，不及物动词只是及物动词的非典型形式，换言之，动词不再有及物动词和不及物动词之分，只有典型程度各异的及物动词一类。Hoppe & Thompson（1980：252）根据动词及物性的语义特征，列表详细描述了及物性构成要素和及物性程度的高低。这种以及物性原型特征属性的数量和程度高低判断动词及物性的方法的确有比较强的心理实现性，但是，由于及物原型观连续统数轴上的参考标准是模糊和动态的，所以仅靠原型特征数量和程度高低或许得出传统的及物动词的及物性低于不及物动词反例。在下例中：

（29）a. 老王走了。
　　　b. 老王喜欢喝啤酒。

（29）中的动词"走"和"喜欢"不论在句法表征上还是语义特征上都是得到广泛认同的不及物动词和及物动词，但是，依照动词及物性语义要素列表中的条目，（29a）占据了活动行为、有界性、瞬时性、意愿性、肯定性、高施事性等多个标准，相比之下（29b）可符合的标准有参与者、意愿性、肯定性三个标准。如此说来，在及物性原型观的连续统中，"走"的及物性程度居然高于"喜欢"，这样的检测结果和解释既不合乎语言直觉，也不符合语法规约。动词及物性原型观提出的本意是要解决动词交替背后的动因，但是在具体的解释和操作中非但没有解决问题，反而给动词问题带来了更多的不确定性。首先，因为动词及物性原型观模糊了及物—不及物的二元界限，使得词类无法在连续统中获得准确的参照标准，由此导致的实质结果是不及物动词就是及物动词，那么二者之间明确的句法表征差异该如何解释和把握。其次，语义的流变性导致了动词及物性特征的无定性，动词及物性的语义要素和程度高低的识解变成了即兴和即时的结果，由此导致的及物性延拓和嬗变使得动词类别的问题更加复杂。

如果说动词分类的形式化标准不能有效解决动词交替带来的问题，那么动词的及物性标准和及物性原型观仅参考语义特征非但不能解决问题，反而使问题更加复杂化。鉴于此，我们认为，在句法分析中，意义参考和形式标准的相互结合才能为确定动词类别、厘清动词类别之间的内在联系、解决动词题元栅可变性提供合理的解释。

二 动词事件

动词是句法的关键要素，动词的语义信息必须通过句子获得实现，动词表达的真正意义在句子中才能得以释放。因此，仅仅依靠动词本身的词汇语义特征，忽略动词在句子中构建的语义关系，很难准确地描述和确定动词类别，更无法解释动词论元实现的灵活性。动词和动词论元一起构建的句法关系实际上体现的是动词的事件意义。动词论元的句法实现是动词词汇意义和事件意义共同作用的结果。

事件本是哲学领域的研究对象，以 Quine（1960）和 Montague（1969）为代表的学者将事件作为时间性存在的实体来研究。Vendler（1957）关于时间与动词的关系、动词分类的哲学研究将事件概念引入了语言学领域，并深刻影响了之后逐渐发展起来的事件语义研究。自从 Davidson（1967）的事件逻辑分析研究开始，形式语义学、概念语义学、认知语义学、生成构式理论、认知构式语法等都将事件纳入了研究范围。它们或者关注动词事件本身，或者以事件构建其理论，或者基于事件视角开展语言问题研究。语言学的事件研究大致涉及事件论元的逻辑形式研究，事件的动词语义研究、事件结构的句法投射研究、事件的语言类型学研究等几个方面。

与本研究密切相关的是事件的动词语义研究和事件结构的句法投射研究。事件的动词语义研究主要关涉动词事件的体特征（Aktionsart/lexical aspect）对动词和句法关系的影响。动词的体特征是动词与时间关系的意义，这里的动词体特征仅指词汇语义所具有的时间属性，区别于动词的句法体特征（时态变化）。Vendler（1957）依据动词语义的体特征，即是否具有动态性（dynamic）、是否具有持续性（durative）、是否具有终结性（有界性）（telic）三个方面，将动词划分为众所周知的四个类型，即状态动词（state）、活动动词（activity）、渐成动词（达成动词）（accomplishment）、完成动词（achievement）。根据动词事件所需要的是持续的时间段（time periods）还是独特的、确定的时刻（time instants）的区别，这四类动又可划分为过程动词和非过程动词两大类。状态动词和完成动词被划归为非过程类动词，活动动词和渐成动词归属过程类动词。在语言学领域，Vendler 的动词事件类型划分甚至被直接应用到基于动词语义的句子类型划分上。Bach（1986）基于动词事件类型，将句子划分为状态句、事件句和过程句，Parsons（1990）则将句子划分状态句、完成事件句、结果事件句和过程句四类。Vendler 最为关注的是状态动词的表现，他特别指出："状态动词是一个有迷惑性的范畴，在这个范畴中，动词的角色融化在谓词的角色里，行为蜕变为性质和关系。"（参见陈嘉映，2002：185）随着 Bach（1986）提出"事态/事件性（eventuality）"概念，并以此概念将事件类型区分为状态类、事件类和过程类之后，状态和事件的区分逐渐形成。在 Vikner（1994）的事态描述中，事件仅包括拖延性动词事件和瞬间性动词事件，状态动词和过程动词被称为次事件动词（sub-event verb）。Ritter & Rosen（1998）提出了状态情状（statives）与非状态情状（non-statives）的区分，其中非状态情状（non-statives）是事件；沈家煊（1995）则根据动词的有界性和无界性，区分了事件句和非事件句。事件的动词语义研究的初衷是探讨动词所具有的时间性属性特征对句法的影响，当动词的体特征被过度解读之后，不但破坏了动词语义的体特征的完整性，而且给动词类别确定和句类确定造成了新的负担。本章还是遵循 Vendler 的观点，认为动词事件只有状态类和过程类两大类别。

动词的体特征固然影响动词在句法中的表现，但是它不一定能够完全决定动词的句法结构。Levin & Rappaport Hovav（2005）指出，事件结构的句法映射才真正决定句法结构，论元实现只有在事件概念框架内才能得出更充分、更合理的解读。事件结构可以表达简单的事件，也可以表达复杂的事件。Grimshaw（1990）指出，每个动词都有内在的事件结构，包含活动和事态两个部分的是复杂事件，只有活动部分的是简单事件。复杂事件必须有至少两个参与者，简单事件只拥有一个参与者。在事件结构中，施事角色最为显著，它在题元层级中的位置也是最高的，所以施事总是实现为外部论元。Levin & Rappaport Hovav（1999）采用谓词分解的形式来表征事件结构，通过抽象的原语谓词标示事件模板，关联事件结构中的子事件。她们指出事件的复杂性影响论元实现，复杂事件中子事件的数量决定着论元结构中论元的数量。她们所说的复杂事件都是在基本事件模板的基础上构建的。根据模板扩展原则，基本事件模板可以派生复杂事件模板，这意味着基本事件可以组合成复杂事件。复杂事件有其内部结构，构成复杂事件的子事件也有内部结构。事件结构影响事件参与者与句法论元的关联。简单事件和复杂事件之间的组合关系和调变关系说明事件具有可变性。除了事件的简单—复杂的可变关系，Levin & Rappaport Hovav（2005）指出，事件还具有表示起始、过程、终结的内部时间结构。van Voorst（1988）将事件结构表征为一个时间线段，线段的两端分别是起始客体和终结客体。依据 Vendler 的四类动词划分，van Voorst 将及物性完成动词事件描述为同时具有起始客体和终结客体的事件结构，将不及物完成动词事件和不接受达成动词事件描述为仅具有终结客体的事件结构，将活动动词事件描述为仅具有起始客体的事件结构。van Voorst 虽然没有探讨不同动词事件之间的关系，但是很明显，与及物性完成动词事件的完整性相比，其他类的动词事件都只表现了完整事件的一个部分。其他学者也注意到事件所反映出的部—整关系。Ramchand（2008）在第一语段句法理论①中也指出完整的事件结构包括三个重要的子事件：原因子事件（causing subevent）、过程子事件（process subevent）和结果状态子事件（result-state subevent）。每个子事件都有自己的投射即事件句法表征，分别是：initP 投射，表示事件的起始；procP 投射，表示事件的动态过程；resP 投射，表示事件的状态结果。每个子事件表示一个完整事件的三个阶段中的一个。procP 是动词事件的核心，是事件结构不能缺失的中心投射；当动词事件表示导致事件过程的原因或者事件初始状态时，initP 就存在；而 resP 仅当事件存在显性的结果状态时才存在。因此，子事件如何组合完全取决于事件本身，一般情况下子事件有四种组合方式：（1）procP 投射的单论元事件；（2）initP + procP 投射的起始事件（可以是单论元的也可以是双论元的，由动词的概念意义调试子事件结构）或者双论元的致使事件；（3）procP + resP 投射的单论元结果事件；（4）initP + procP + resP 投射的双论元结果事件。第一语段理论用子事件分解和组合的方式说明了事件可变性，指明了句法中可变动词的来源。另外，还有学者注意到语法手段对动词事件的改变。Pustejovsky（1991）赞同动词内在事件结构的观点，他将事件分为状态事件（state）、过程事件（process）和变化事件（transition）三个基本事件，并且指出每个事件类别的内部结构完全不同②。但是，事件结构并非凝固不变的，运用添加时间状语、介词短语、补语等语法手段完全可以改变基本事件结构的类型。Borer（2005b）认可这种观点，她也指出，给句子添加直接宾语、同源宾语、小品词等都可以激活有界性，将无界的动词事件

---

① "第一语段句法（A First-Phrase Syntax）"这个术语中的"第一（the first）"是"逻辑优先（logical priority）"的意思，指事件结构在通常情况下优先与格标记/格检查、一致性、时态和修正等其他语法手段，这里的"第一"并不对应于"第二"。（Ramchand 2008：16）

② 三类事件结构的图式表征参见（Pustejovsky 1991：56）。

改变为有界的动词事件。

以上分析说明，动词事件结构不是固化的，它具有一定的可调变性。造成事件结构发生变化的主要原因有三点：第一，简单事件和复杂事件之间的可组合关系造成了事件结构的变化；第二，完整事件的可截取性造成了事件状态、事件过程、事件结果之间的调变，事件结构也随之变化；第三，语法手段的介入修改了动词事件，带来了事件结构的变化。

三　事件转换模型

事件结构的可调变带来的直接结果是动词语义的变化。事件研究说明动词的语义不仅是词汇层面的，更是句法层面的。词汇语义体现的是动词本身的语义特征，其要素是题元，构成规约性的、相对稳定的动词题元栅；而事件语义是在动词词汇语义的基础上，基于事件结构形成的具有句法属性的动词语义。事件结构的变化性使得动词的事件语义具有鲜明的动态性，例如：

(30) a. The window opened.

　　　open：[x BECOME <OPEN>]

　　b. Max opened the window.

　　　open：[[x ACT] CAUSE [y BECOME <OPEN>]]

在（30a）中，动词 open 的事件结构表达式说明动词表达了一个简单事件，事件只涉及一个参与者；（30b）中 open 的事件结构表达式可以看作在（30a）简单事件的模板上增加了一个致使因，这样简单事件模块扩展为复杂事件模板。动词事件的参与者也因为动作能量的传递性，由单个参与者变成了两个参与者。而且，当动词的事件结构发生改变时，动词 open 的类别也随之发生了变化，这个例子反映的就是典型的及物动词—非宾格动词交替现象。

再来看一组由动词 melt 构成的不同句式中事件结构的变化和动词语义的变化:

(31) a. Mary melted the butter.
　　 b. The butter melted.

根据第一语段句法理论中子事件的组合和投射,(31a)中,动词 melt 事件在第一语段的事件结构中,直观地呈现出 initP + procP 组合投射的双论元致使结构,而(31b)则是由 procP 投射的单论元事件。事件结构图式(见图 2-3)清晰地显示出,(31b)的事件结构是从(31a)中截取的一部分。截取之前动词 melt 是及物动词,动词的基本语义关系完全呈现在事件结构中,而截取之后 melt 变成了不及物动词(非宾格动词),动词的基本语义关系部分地反映在了事件结构中,或者说事件结构要求只凸显部分的动词语义关系。

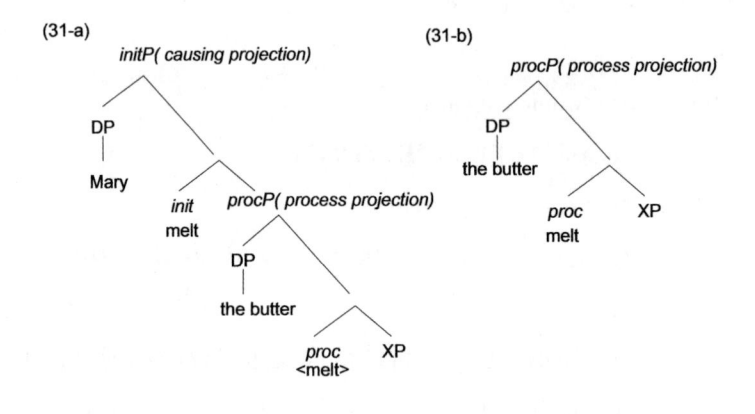

Ramchand(2008: 46-47)

图 2-3　及物—作格交替(第一语段句法)

以上两个例子说明,动词事件的可变性导致了动词类别的变化性,而动词类别的变化性会影响动词论元的句法实现。实际上,动词词汇语义和动词事件语义相互作用、相互牵制，共同构建动词的句法表征形式。

本研究认为动词的及物性、致使性、非宾格性和非作格性都应归属为动词的事件语义。动词的事件语义通过事件结构才能确定。我们将事件区分为状态事件（Being Event）和动作事件（Acting Event）两个大类，相当于 Vendler 的状态事件和过程事件。状态事件是由系表结构构成的静态事件，只说明事物的性状，与动作事件无关。因为它与动作动词无关，不在本研究的范围之内，所以对此不进行深入讨论。动作事件依据动词事件的特征属性和事件参与者情况，可以分成四个子类，即：

（i）影响事件（Affecting Event）表达完整的动作事件过程，反映的是复杂事件，它强调一个参与者的行为会影响到或作用于其他参与者，所以动词事件过程至少需要两个事件参与者。

（ii）致使事件（Causing Event）也表达完整的动作事件过程，反映的也是复杂事件，它强调动词事件是因果关系的，事件参与者分别是致使因和致使结果。

（iii）启动事件（Doing Event）表达的是简单事件，它只描述动作事件的起始状况或者动作事件本身的基本情况，不关注事件的变化或结果，因此它只涉及动作事件的起点，仅需要一个事件参与者。

（iv）结果事件（Becoming Event）表达的也是简单事件，它只描述动作事件带来的状态变化或者结果，不关注引起变化和带来结果的原因，因此它只涉及动作事件的终点，仅需要一个事件参与者。

影响事件和致使事件这两类复杂事件描述的是动词事件的完整过程，所以它们与动词的及物性相关；启动事件和结果事件只是截取了完整动词事件的一部分，所以它们与动词的非及物性特征关联。对于非及物性动词事件进一步解读（作格性动词事件还是非作格性动词事件），对于及物性、致使性、非及物性事件语义之间相关性的进一步厘清还需要结合事件转换模型来说明。

　　本研究提出的事件转换模型主要用来解释可变事件之间的关联性，以及由此带来的动词语义动态性。事件转换模式是依据 UML（Unified Modeling Language）① 的一般规范构建的，通过类图的方式直观展示动词事件之间的关联性，以及不同事件所关涉的动词类别之间的内在关系。事件转换模型由动词事件模块（类图标）和事件关联关系（类关联）构成。依据研究问题，模型中共有四个动词事件模块，每个模块中包含的详细事件信息。具体内容如下：

　　（1）模块名称：模块名称分别是及物性事件、致使性事件、作格性事件和非作格性事件。

　　（2）事件关涉的对象：及物性事件表现的是完整的动作行为事件（acting event），它包括影响事件（affecting event）和致使事件（causing event）两类；致使性事件凸显致使因，所以只涉及致使事件；作格性事件关注动词事件带来的结果变化和状态变化，所以它与结果事件（becoming event）相关；非作格性事件的关注点在事件的起始阶段，或者动作事件持续的状态，所以它只与启动事件（doing event）关联。

　　（3）事件的特征属性：及物性事件是最基本概念范畴，以及物性事件的特征属性为基础，我们确定了动作（action）、变化（change）、终结性（telic）、启动性（initiative）、影响或结果（effect/result）五个与及物性关系最为密切的语义特征作为属性分析标准，每个特征都具有 +/− 二分值。

　　（4）事件的参与者：类图中只标记参与者的数量。

　　（5）事件的转换操作：事件语义具有动态性，动态变化必须由可靠的技术操作来说明。类图参考题元系统对题元栅语义信息的操作

---

① UML 指统一建模语言，它是一种可视化的、说明性的规约语言。类图是 UML 中最常见的模型。类图主要用来描述和解释对象之间的关系。本研究参照类图，构建动词事件转换模型，旨在说明动词事件之间的内在关联性。

手段，以减元操作（reduction）或者增元操（increment）表示事件语义具有可变性，可以通过这样的手段改变事件的属性体征和参与者角色。

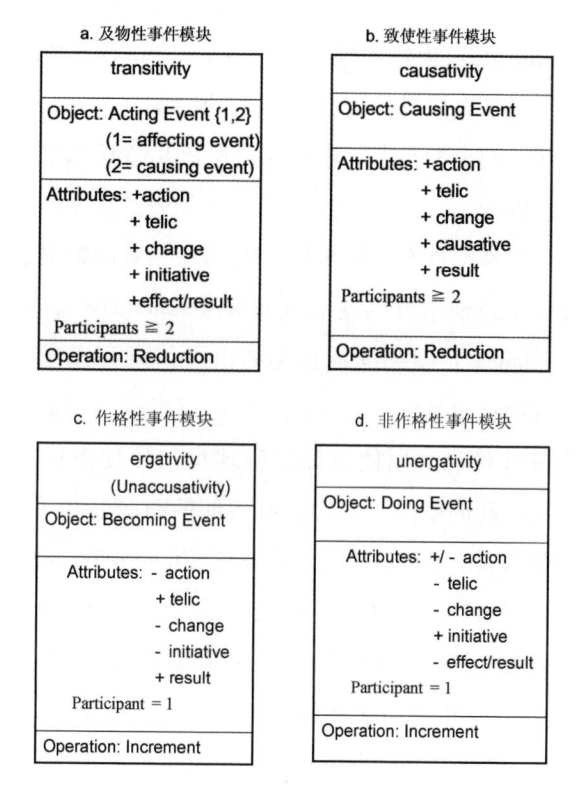

```
a. 及物性事件模块                          b. 致使性事件模块
┌─────────────────────────────┐  ┌─────────────────────────────┐
│         transitivity         │  │         causativity          │
│                              │  │                              │
│ Object: Acting Event {1,2}   │  │ Object: Causing Event        │
│      (1= affecting event)    │  │                              │
│      (2= causing event)      │  │ Attributes: +action          │
│ Attributes: +action          │  │             + telic          │
│             + telic          │  │             + change         │
│             + change         │  │             + causative      │
│             + initiative     │  │             + result         │
│             +effect/result   │  │ Participants ≥ 2             │
│ Participants ≥ 2             │  │                              │
│ Operation: Reduction         │  │ Operation: Reduction         │
└─────────────────────────────┘  └─────────────────────────────┘

c. 作格性事件模块                          d. 非作格性事件模块
┌─────────────────────────────┐  ┌─────────────────────────────┐
│         ergativity           │  │        unergativity          │
│       (Unaccusativity)       │  │                              │
│ Object: Becoming Event       │  │ Object: Doing Event          │
│                              │  │                              │
│ Attributes: - action         │  │ Attributes: +/- action       │
│             + telic          │  │             - telic          │
│             - change         │  │             - change         │
│             - initiative     │  │             + initiative     │
│             + result         │  │             - effect/result  │
│ Participant = 1              │  │ Participant = 1              │
│                              │  │                              │
│ Operation: Increment         │  │ Operation: Increment         │
└─────────────────────────────┘  └─────────────────────────────┘
```

图 2-4 动词事件模块

及物性事件语义是最基础的事件类型，它是人类经验中最基本的、具有普遍意义的事件图式（Delancy 1985）。在及物性事件模块中，及物性事件关涉的是 Acting Event 和它的两个子类 Affecting Event、Causing Event。及物性动词事件通常描述的是动词行为的完整传递过程，反映的是动词事件中参与者之间的关系，所以，及物性事件的语义特征包括具有动作性，会带来变化，行为有终点，行为主动启动和行为产生影响或者造成结果。完成及物性动词事件至少需要两个参与者。减元操作可以改变动词的及物性语义特征。

　　致使性事件语是及物性事件的子类，在致使性事件模块中，它几乎继承了及物性事件所有的语义特征属性。鉴于致使性事件反映的是事件参与者之间的因果关系，所以在语义特征中它将主动启动行为（+initiative）重写（override）为致使性行为（+causative），将动作是否会带来变化或者产生结果直接描述为动作行为的结果（+result）。完成致使性事件也最少涉及两个参与者，这样致使性语义特征如果发生动态变化也只适用于减元操作。

　　通过对比及物性事件和致使事件，尤其是二者的语义属性特征，很明显及物性事件是致使事件的基类或父类（superclass），那么致使性事件作为子类（subclass）就会继承基类的语义信息和操作方法。但是致使性事件不是及物性事件的完全复制，它可以根据自身的语义特征重写继承于基类的某些信息，以便更加准确地反映致使事件所突出的致使性。由此，及物性动词事件（基类）和致使性动词事件（子类）之间的关联形成，两类事件之间构成了继承关系（inheritance），也称 IS-A 关系。有关联的动词事件为事件的转换奠定基础。因为及物性事件和致使性事件之间是继承性关联，所以事件关涉的动词语义之间也有继承关系。及物性动词和致使性动词之间的语义特征差异可以通过题元特征丛进一步描述。在理论上，及物性动词事件和致使性动词事件可以通过改变动词题元栅的相关的语义特征，使动词事件发生转换。详见图 2-5：

　　及物性事件关涉动作事件（Acting Event），描述的是完整的、复杂的动词事件（Grimshaw 1990；Pustejovesky 1991；Ramchand 1997，2008）。但是，动作事件的整体性或者事件的完整过程也可以依据表达的需要被截取识别为启动事件（Doing Event）或者结果事件（Becoming Event）。作为完整动作事件一部分的启动事件只关注动词事件的自主启动性，或者对动词事件的状态进行描述。至于事件是否会引起变化，是否会带来结果，是否会影响其他参与者，事件有无终止点等语义信息并不重要，也无须表述。我们看到，启动事件和它的事件

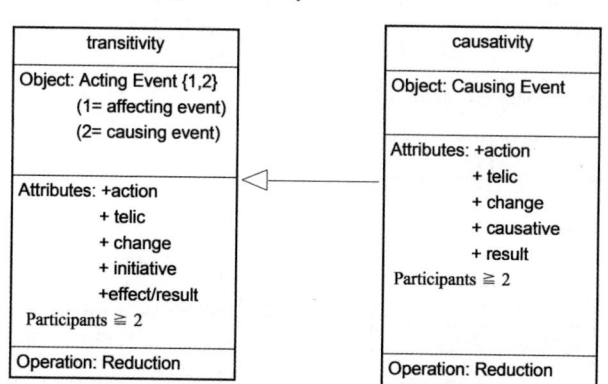

继承关联（causativity IS-A transitivity）

```
┌─────────────────────────┐          ┌─────────────────────────┐
│      transitivity       │          │      causativity        │
├─────────────────────────┤          ├─────────────────────────┤
│ Object: Acting Event{1,2}│         │ Object: Causing Event   │
│   (1= affecting event)  │          │                         │
│   (2= causing event)    │          │ Attributes: +action     │
│                         │◁─────────│            + telic      │
│ Attributes: +action     │          │            + change     │
│            + telic      │          │            + causative  │
│            + change     │          │            + result     │
│            + initiative │          │ Participants ≥ 2        │
│            +effect/result│         │                         │
│ Participants ≥ 2        │          │                         │
│                         │          │                         │
│ Operation: Reduction    │          │ Operation: Reduction    │
└─────────────────────────┘          └─────────────────────────┘
```

图 2-5　及物性与致使性的继承关联[①]

语义特征被一起封装至非作格性事件模块中。由于非作格性事件只涉及启动参与者，所以事件的唯一参与者是事件主体。当事件语义动态变化时，减元操作无法执行，因为任何论元结构都不能是零论元的情况，所以可适用于非作格性动词事件的操作必须是增元。结果事件也是完整的动作事件的一个部分，与启动事件的截取不同，它主要描述动词事件带来的变化或者产生的结果，至于动词事件如何启动和触发，引起事件的确切动因，事件的变化过程，事件的体特征（时间性）等语义信息等都不属于结果事件关注的范围，而且，结果事件的唯一参与者是事件客体。这些语义信息都符合作格性（非宾格性）动词事件的特征，所以作格性事件的类图模块中包含的是结果事件和它的语义属性。

既然非作格性事件和作格性事件都是及物性事件的一部分，那么它们和及物性事件之间就形成了部分与整体的关联关系。根据类图的类连接关系说明，部分与整体关系是聚合关系（aggregation），也称HAS-A 关系。聚合关系中部分和整体之间的关联是相对宽松的，整体

---

① 继承关联表示的是特殊和一般的关系，也称 IS-A 关系，在 UML 类图中，基类（父类）和子类之间用空心箭头+实线表示，箭头指向基类，表示子类 IS-A 基类。

和部分均可以相互脱离独立存在,详见图 2-6:

a. 及物性事件和非作格性事件的关联

聚合关联(transitivity HSA-A unergativity)

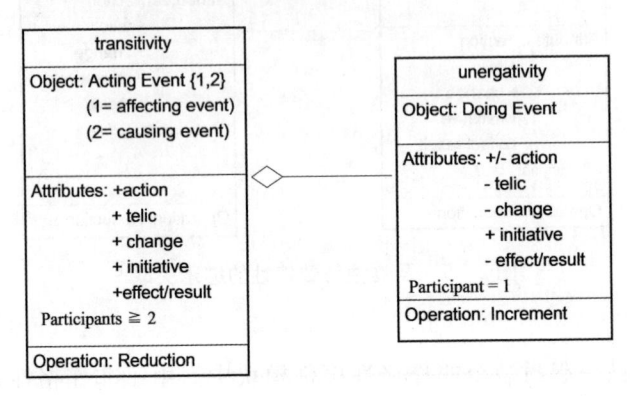

```
┌─────────────────────────┐              ┌─────────────────────────┐
│ transitivity            │              │ unergativity            │
├─────────────────────────┤              ├─────────────────────────┤
│ Object: Acting Event{1,2}│              │ Object: Doing Event     │
│   (1= affecting event)  │              │                         │
│   (2= causing event)    │              │ Attributes: +/- action  │
│                         │◇─────────────│           - telic       │
│ Attributes: +action     │              │           - change      │
│            + telic      │              │           + initiative  │
│            + change     │              │           - effect/result│
│            + initiative │              │ Participant = 1         │
│            +effect/result│              │ Operation: Increment    │
│ Participants ≧ 2        │              │                         │
│ Operation: Reduction    │              │                         │
└─────────────────────────┘              └─────────────────────────┘
```

b. 及物性事件和作格事件的关联

聚合关联(transitivity HSA-A ergativity)

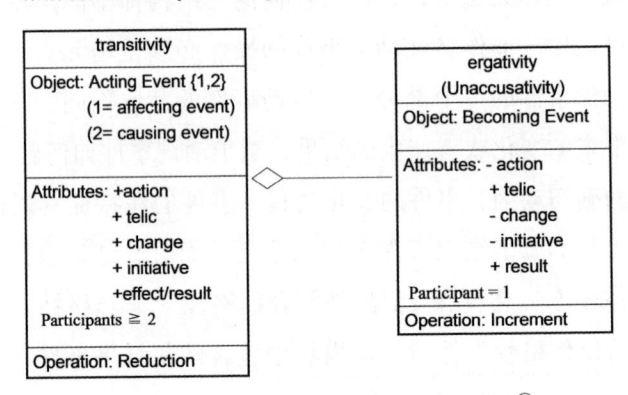

```
┌─────────────────────────┐              ┌─────────────────────────┐
│ transitivity            │              │ ergativity              │
├─────────────────────────┤              │ (Unaccusativity)        │
│ Object: Acting Event{1,2}│              ├─────────────────────────┤
│   (1= affecting event)  │              │ Object: Becoming Event  │
│   (2= causing event)    │              │                         │
│                         │◇─────────────│ Attributes: - action    │
│ Attributes: +action     │              │            + telic      │
│            + telic      │              │            - change     │
│            + change     │              │            - initiative │
│            + initiative │              │            + result     │
│            +effect/result│              │ Participant = 1         │
│ Participants ≧ 2        │              │ Operation: Increment    │
│ Operation: Reduction    │              │                         │
└─────────────────────────┘              └─────────────────────────┘
```

图 2-6 及物性与非及物性的聚合关联[①]

及物性事件和致使性事件是通过继承关系关联在一起,而及物性事件分别与作格性事件、非作格性事件通过聚合关系关联在一起。那么作为及物性事件子类的致使性事件在理论上也应该和非作格性事件、

[①] 聚合关联表示的是整体和组成部分之间的关系,也称 HAS-A 关系。在 UML 类图中,用空心菱形箭头+实线表示,箭头指向整体,表示整体 HAS-A 部分。

作格性事件分别构成聚合关系。但是，当我们对比致使性事件和作格性事件的属性特征时，我们发现它们共享结果特征，这说明作格性事件中未被截取的事件启动者或触发者是具有致使意义的。由此可以推测，当致使性事件被去致使化操作即约减作为事件致使因的参与者仅描述事件结果时，原来的致使性事件的特征属性纷纷脱离表现出作格性特征；反之，当需要强调事件完整的因果链时，作格性事件语义可以通过致使化操作（增加事件的致使因）改变为具有致使化语义特征的事件。这样，两类事件语义关联的核心就在于约减或增加致使因，而且无论如何操作，事件的结果特征总保持不变，事件的其他语义特征则进行相应的反向重写。鉴于此，我们认为作格性事件不仅仅是及物性事件的语义片段，更确切地说它是致使性事件的特殊子类，它们之间形成的是特殊的继承关系而非松散的聚合关系。由此，及物性事件、致使性事件和作格性事件之间的关联性应该被修正为继承关系。及物性事件是致使性事件的基类，致使性事件则成为作格性事件的基类，三类事件的关系可以描述为，作格性事件 IS-A 致使事件，致使性事件 IS-A 及物性事件，作格性事件 IS-A 及物性事件。作格性事件通过继承关系与及物性（致使性）事件密切关联，这样事件的变化性就有了可依据的基础。当事件类型发生变化时，与事件相关的动词语义也随之发生变化，动词类别由此发生了转换。三类动词事件之间的继承关系实际上明确了作格动词具有及物性语义特征的事实，同时也解释了动词的及物性—作格性交替的可行性。及物性事件、致使性事件、作格性事件的内联关系的解读可以参照图 2-7：

根据以上四类动词事件的基本描述，以及它们之间产生的可能的内联关系的分析，与本研究相关的事件转换模型可以采用如图 2-8 所示的图式进行详细描述。

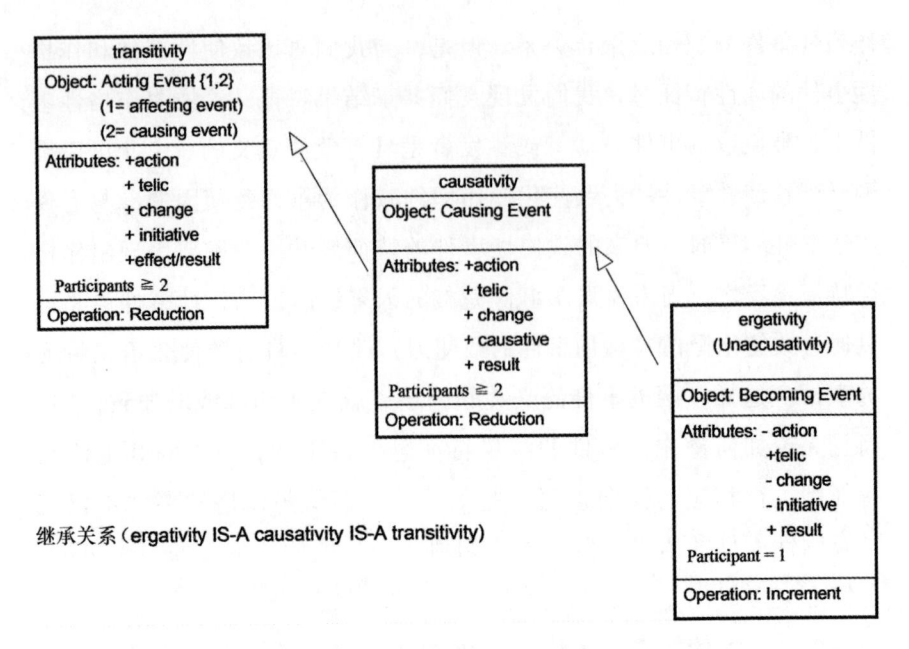

96 ▶▶▶ 现代汉语评价性 V-起来句的论元实现

```
┌─────────────────────────────┐
│         transitivity        │
├─────────────────────────────┤
│ Object: Acting Event {1,2}  │
│    (1= affecting event)     │
│    (2= causing event)       │
│ Attributes: +action         │
│             + telic         │
│             + change        │
│             + initiative    │
│             +effect/result  │
│ Participants ≧ 2            │
│ Operation: Reduction        │
└─────────────────────────────┘

┌─────────────────────────────┐
│         causativity         │
├─────────────────────────────┤
│ Object: Causing Event       │
│ Attributes: +action         │
│             + telic         │
│             + change        │
│             + causative     │
│             + result        │
│ Participants ≧ 2            │
│ Operation: Reduction        │
└─────────────────────────────┘

┌─────────────────────────────┐
│         ergativity          │
│       (Unaccusativity)      │
├─────────────────────────────┤
│ Object: Becoming Event      │
│ Attributes: - action        │
│             +telic          │
│             - change        │
│             - initiative    │
│             + result        │
│ Participant = 1             │
│ Operation: Increment        │
└─────────────────────────────┘
```

继承关系（ergativity IS-A causativity IS-A transitivity）

图 2-7 及物性—致使性—作格性的继承关联

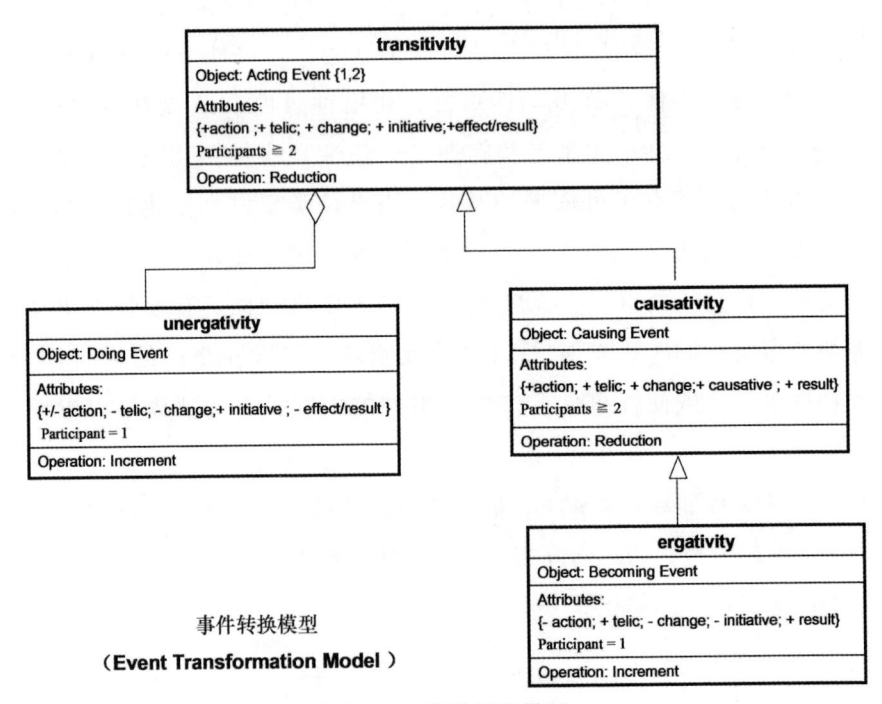

```
┌─────────────────────────────────────────────────────┐
│                    transitivity                     │
├─────────────────────────────────────────────────────┤
│ Object: Acting Event {1,2}                          │
│ Attributes:                                         │
│ {+action ;+ telic; + change; + initiative;+effect/result} │
│ Participants ≧ 2                                    │
│ Operation: Reduction                                │
└─────────────────────────────────────────────────────┘

┌─────────────────────────────────────┐   ┌─────────────────────────────────────────────┐
│            unergativity             │   │                  causativity                │
├─────────────────────────────────────┤   ├─────────────────────────────────────────────┤
│ Object: Doing Event                 │   │ Object: Causing Event                       │
│ Attributes:                         │   │ Attributes:                                 │
│ {+/- action; - telic; - change;+ initiative; - effect/result } │ │ {+action; + telic; + change;+ causative ; + result} │
│  Participant = 1                    │   │ Participants ≧ 2                            │
│ Operation: Increment                │   │ Operation: Reduction                        │
└─────────────────────────────────────┘   └─────────────────────────────────────────────┘

                                          ┌─────────────────────────────────────────────┐
                                          │                  ergativity                 │
                                          ├─────────────────────────────────────────────┤
                                          │ Object: Becoming Event                      │
                                          │ Attributes:                                 │
                                          │ {- action; + telic; - change; - initiative; + result} │
                                          │ Participant = 1                             │
                                          │ Operation: Increment                        │
                                          └─────────────────────────────────────────────┘
```

事件转换模型
（Event Transformation Model）

图 2-8 事件转换模型

动词事件转换模型所反映的事件之间的关联性实际上说明了动词事件的动态性特征。事件动态变化的原因并非动词事件本身，而是说话者对事件概念的识解方式造成的。不同的识解方式造成了事件的复杂性和简单性的区分。动词的变化性来源于事件的动态变化。动词事件转换模型明确地显示了动词的及物性、致使性、作格性和非作格性之间的内在联系。及物性与非作格性之间是整体和部分的关系，当及物性事件仅需表达动作的启动和触发，或者仅需描述事件的状态，不涉及事件的过程、影响和结果时，及物性语义被部分识解，通过减元操作可以使其表达非作格性语义特征；当非作格性事件需要完整描述动词行为过程时，可以通过增元操作，将动词的非作格性语义特征改写为及物性特征。这样，部分动词的及物—非作格交替现象就可以获得解释，Reinhart 的题元操作也有了相应的理据。至于及物性、致使性和作格性之间的继承关系我们已经在前文做过阐释，此处不再赘述。需要说明的是，事件转换模型明确了非作格性和作格性之间的区别。于非作格性而言，及物性和它只存在松散的相关性，它们各自相对独立，非作格性在本质上是非及物性的，所以它的句法表征形式只能是不及物动词的；于作格性而言，及物性是它的基类，作格性是及物性的特殊子类，换言之，作格性在本质上是及物性的，它的不及物动词句法表征只是现象性的。我们认为，在英语和汉语这样的主—宾语语言中，根本没有所谓的作格动词类和非作格动词类，只有按照语义特征划分的非作格性动词和作格性动词。所以，语义是定义动词的重要依据，从本质上说，动作动词只有及物性动词和不及物性动词两个类别。至于及物性动词和不及物性动词在句法中的具体表现形式或者变化形式，那都是动词语义和句法结构互动的结果，属于动词的现象。动词多样性和动态性的现象不应该对动词的本质属性构成任何质疑，更不应该以现象划分词类。因此，本研究不赞同基于及物性连续统的词类划分法（见 Croft 2003），这种边界不明确的划分方式会导致及物动词就是不及物动词的结果，或者不及物动词也是及物动词的结果。

本研究也不赞同依据及物性要素数量和程度划分词类的做法（Hopper & Thompson 1980），因为所谓的及物性要素的数量并没有统一的标准，至于及物性程度的判断更是无法确切度量，那么依此划分出的词类可靠性很难把握。本研究也反对将动词划分为及物动词、不及物动词、两栖动词三个类别的权宜之计（许爱明，2004），因为这里的两栖动词其实关涉的是动词的现象并非本质，两栖动词的提出非但不能确定动词类别，还给动词分析造成了新的困难。至于及物性三分图（王和玉，2015）提出的高及物性、低及物性、非及物性的三分划法虽然较前几种划分方式相对合理，但是高及物性和低及物性在本质上没有什么差异，二者还是同属及物性类别，实际的结果还是及物性和非及物性的划分。

总之，动词事件转换模型的构建帮助我们从事件语义层面明确了与动词相关的两个问题。第一，关于动词类别确定的问题。事件转换模型已经清晰地说明从大类上看，动词只有及物性动词和非及物性动词两个类别。至于及物性动词是否在句法中实现及物动词的句法属性特征，或者非及物性动词在句法中表现出违反不及物动词常规的句法特点，这些都需要从语义—句法互动方式的层面去讨论，或者说需要从 Reinhart 的题元系统中去解决。第二，关于动词语义类内部的关联性问题，事件转换模型也给予了合理的解释。动词的及物性、致使性、作格性之间具有继承关联关系，它们共同构成及物性动词集合，它们在句法中的表现或变体都要通过及物性来获得解释。同时，动词的及物性与非作格性也并非互斥的二元对立关系，它们之间的聚合关联也为解释动词在具体使用中产生变化提供了理据。正是因为动词事件各类别之间具有内在的关联性，题元系统中关于动词语义可调变性的词汇操作才具有了可行性。

小　结

题元系统和事件转换模型共同构建了本研究的理论框架。题元系统是基于最简主义原则的特征驱动句法分析模型，题元系统理论不但用题元特征丛的方法为题元的定义确立了概念基础，还提供了有效可行的可操作性程序来呈现动词论元实现的过程，说明了句法结构的生成机制。虽然题元系统理论自身还存在一些问题，但是这并不影响它在探讨动词意义的句法实现、解析句法结构生成等问题时表现出的理论价值。

题元系统最突出的优势是它的词汇操作程序，但是关于题元栅可操作的原因题元系统本身没有做出明确说明。本研究提出的事件转换模型可以视为题元系统的负责语义解释的子模型，它既明确了动词类别的确定，厘清了动词的及物性、致使性、作格性、非作格性语义特征之间的内在关系，也为题元操作的可行性提供了依据。

本研究拟采用题元系统和事件转换模型共同构建的理论框架，来推导和阐释汉语评价性V-起来句所反映出的论元实现问题，一方面以新的研究思路探讨汉语句法构建的问题，另一方面也是对题元系统理论普遍解释力的验证。同时，也检验事件转换模型对汉语评价性V-起来句论元实现中所涉及的语义问题能否提供合理的解释和说明。

第三章 不及物式评价性V-起来句的论元实现

根据句子的句法表征形式,现代汉语评价性V-起来句有不及物式和及物式两种构型。不及物式评价性V-起来句最鲜明的句法特征是,句子的谓语动词呈现出不及物动词的句法表征,动词唯一的论元占据句法主语的位置。因此,不及物式评价性V-起来句通常可以表征为"N+V-起来+AP"。在不及物式评价性V-起来句中,以感觉类动词构成的V-起来复合词在句中的位置相当灵活,常常可以移出句子,以句首插入语的形式和句子主体分割开,表征为"V-起来,N+AP"格式。这样,不及物式评价性V起来句就有了两种不同的格式。"V-起来,N+AP"格式的评价句因为V-起来可移动,会带来谓词确定的问题,这样它和"N+V-起来+AP"格式的论元实现过程可能有差异,因此我们将另章讨论"V-起来,N+AP"格式。本章只探讨"N+V-起来+AP"格式的论元实现问题。

第一节 语料事实

本研究的语料如无特殊标注,均来自北京大学在线汉语语料库(Corpus of Chinese Language,CCL)。选择使用语料库资源有两个原因:首先,也是最重要的原因是,这样的大型语料库语料资源丰富、翔实。它不会过分倾向于书面语语料或者口语语料,也不会只选择某个时期、某种文体、某些文本的语料,这样语料资源的平衡性就有了最大的保障。其次,选择语料库而不是文献提供的语料更能反映语言事实,最大限度地保障了语料来源的客观性。

根据语料检索的结果,满足"N + V - 起来 + AP"格式的评价性 V - 起来句共有 1055 条语料信息,涉及动词词条 127 个,其中单音节动词 37 个,共提供了 592 条语料信息;双音节动词 90 个,共提供了 463 条语料信息。相比较而言,由单音节动词构成的 V - 起来复合词虽然数量较少,但是却提供了更多的语料信息,这说明在"N + V - 起来 + AP"格式的评价性 V - 起来句中,谓语动词是以单音节 V - 起来复合词为主的。双音节动词提供的语料信息总量虽不及单音节动词,但是涉的动词却有 90 个之多,这说明汉语中适用于"N + V - 起来 + AP"格式的双音节动词分布较广。基本统计数据见表 3 - 1。

表 3 - 1　不及物式评价性 V - 起来句中的动词类别统计数据

动词	类符①(type)	占比(%)	形符(token)	占比(%)
单音节	37	29	592	56
双音节	90	71	463	44
V	127	100	1055	100

表 3 - 2　　　　　　　　形符数较高的动词

形符数居前五的动词					
单动词	读	做	说	吃	用	总计:
形符(词次)	156	136	88	80	24	484
双动词	解决	操作	使用	实施	执行	总计:
形符(词次)	41	37	34	33	24	169

---

① 类符和形符是翻译后的通用术语,语料库中的类符就相当于"词",形符相当于"词次"。

根据表3-2，形符数居前五的单音节动词居然提供了484条语料信息，占单音节动词总语料信息的86%；就双音节动词而言，5个居前位的动词提供的169条语料信息占双音节总语料信息的37%；总体上，这10个动词贡献了831条语料信息，占本句式总语料的62%。以上数据传递的重要信息是：（1）在"N+V-起来+AP"格式的评价性V-起来句中，要特别关注这5个高频率出现的单音节动词，它们的动词特征或许可以基本概括不及物式评价性V-起来句在论元实现中表现出的规律或特点。（2）对比形符数据，双音节动词能够提供的语料信息明显低于单音节动词，而且即便是占据前五位的动词，形符数上的差距也是非常明显的，这说明在"N+V-起来+AP"格式的评价性V-起来句中单音节动词和双音节动词的分布特征不同。单音节动词呈现集中分布的特征，部分动词具有明显的构句优势；双音节动词呈现分散分布的特征，适用本句式的双音节动词比较多。（3）理论上，这10个高频动词，不论单音节动词还是双音节动词，它们的动词特征应该有较高的一致性或者共性，那么这些共性特征或许可以解释"N+V-起来+AP"格式评价性V-起来句的论元实现的机制。（4）理论上，这些高频动词的特征属性或许可以被视为进入"N+V-起来+AP"格式的评价性V-起来句的动词允准条件或者限制条件，以它们为标准或许可以解释哪些动词无法构建本句式。

第二节 动词分类

本节将对语料库检索到的相关动词进行分类整理。根据本研究的理论框架，题元系统负责句式分析，事件转换模型负责语义解释。所以，事件转换模型中提供的语义特征属性将作为本研究所有相关动词的分类参考标准。

一 单音节动词分类

在事件转换模型中，事件语义的特征属性分析基于动作（action）、终结性（telic）、变化（change）、启动性（initiative）、影响或结果（effect/result）五个特征，每个特征都具有+/-二分值。语料数据显示，在不及物式评价性V-起来句中，共有37个单音节动词。我们将依据这五个特征对37个动词的语义特征属性进行描述和分类，分类结果详见表3-3：

表3-3　　　　　　　　单音节动词分类结果

类型	句法特征	语义特征	词例
一	intransitive verb	+ action - telic - change + initiative - effect/result	走、喊、跑、唱、玩儿
二	transitive verb	+ action + telic + change + initiative + effect/result	读、做、吃、喝、用、学、办、干、穿、打、骑、带、改、讲、写、念、改、谈、查、包、洗、建、堵、刮、卖、擦、住、译、关、踢、抄、树

分类结果显示，在37个单音节动词中，依据其语义特征和句法特征被分为两个类型。类型一有5个动词，它们表现出一致的语义特征和句法特征；类型二数量比较多，共有32个动词，它们共享相同的句法语义特征。

从语义特征来看，类型一的5个动词"走、喊、跑、唱、玩儿"的都是表示行为的动作动词（+action），在体特征上这些动词均表现出无终结性的特点（-telic）。因为动作无终结性，所以这五个动词呈现的是事件状态的描写，动词行为既不会带来变化性（-change），也不会产生影响或结构（-effect/result）。这些行为动词都蕴含施事的存在，所以它们具有自主启动（+initiative）动词事件的能力。所有这些动词的语义特征都将它们指向非作格性动词类（见表3-4）：

表 3 - 4　　　　　　　　　非作格性动词属性特征

Unergativity
Object：Doing Event
Attributes：{ + action； - telic； - change； + initiative； - effect/result }
Participant = 1
Operation：Increment

非作格性动词关涉的是启动事件（Doing Event），即表示完整事件过程的起始部分，它只描述由动作动词构成的事件的起始状况或者动作事件本身的持续状态，并不关注事件带来的变化和影响/结果，所以在事件过程中动词的能量没有发生传递，动词事件只有一个参与者。正因如此，非作格动词通常在句法上表现出不及物动词的特征（无宾语）。根据事件转换模型，启动事件与表示完整事件过程的及物性事件之间是聚合关联，即部分与整体的关系。当动词事件发生调变时，非作格性动词会通过增元操作转换为及物性动词。

再来看其余 32 个动词的语义特征和可能的句法特征。这组都是表示行为动作的动词（+ action）；这些行为动词蕴含施事的存在，所以它们具有自主启动（+ initiative）动词事件的能力；这些行为动词还蕴含施事动作向动作对象的传递性，所以由这组动词构成的事件都关涉两个参与者。这样，动词就表现出引起变化（+ change）、带来影响或者产生结果的特征（+ effect/result），所以它们在体特征上是具有终结性的（+ telic）。以上这些语义特征说明类型二中的所有动词都具有及物性特征（见表 3 - 5）：

表 3 - 5　　　　　　　　　及物性动词属性特征

Transitvity
Object：Affecting Event；Causing Event
Attributes：{ + action； + change； + telic； + initiative； + effect/result }
Participant = 2
Operation：Reductioin

影响事件（Affecting Event）和致使事件（Casuing Event）都表示及物性事件，二者的区别在于致使事件强调事件表达的是致使—结果关系。及物性事件呈现的是事件从起始到终结的完整过程，整个过程涉及动作从开始到结束的变化，还涉及动作行为产生的影响或者带来的结果。及物性表现的是复杂事件，它至少关涉两个事件参与者，所以及物性动词在句法上应该以及物动词的特征（有直接宾语）构建句式。根据事件转换模型，事件会发生动态变化，相关的动词语义也会发生变化，所以及物性动词有可能转换为非及物性的非作格性动词或者作格性动词，转换的操作手段只能是减元操作。

综上所述，进入不及物式评价性V-起来句中的单音节动词V有两种类型，一类是非作格性动词，另一类是及物性动词。通常情况下，非作格性动词表现出不及物动词的句法特征（动词无宾语）；及物性动词当然表现出及物动词的句法特征（动词带有直接宾语）。根据动词事件的可变性特征，事件转换模型预测了非作格性动词的可能转换结果，也预测了及物性动词的转换结果，但是，事件转换模型只能提供语义解释，并不能实现动词类别转换的操作。所以，词汇操作将由题元系统的编码和推导来完成。

二 双音节动词分类

语料数据显示，在不及物式评价性V-起来句中，共有90个双音节动词。同样依据事件转换模型中事件语义的特征属性，基于动作（action）、终结性（telic）、变化（change）、启动性（initiative）、影响或结果（effect/result）五个特征，我们将可以进入不及物式评价性V-起来句的双音节动词分为四种类型，每种类型的语义特征和句法特征详见表3-6：

表 3 – 6　　　　　　双音节动词分类结果

类型	句法特征	语义特征	词例
一	intransitive verb	+ action – telic – change + initiative – effect/result	奔跑、咳嗽
二	intransitive verb	+ action – telic – change + initiative – effect/result	高兴
三	transitive verb	+ action + telic + change + causitive + result	恢复、实现、完成、发展、贯彻、开展、推广、推行、改进
四①	transitive verb	+ action + telic + change + initiative + effect/result	解决、操作、使用、实施、执行、实行、管理、落实、分析、研究、治理、应用、检查、搜集、调整、清洗、制作……

　　表 3 – 6 显示，归为第一类的双音节动词只有两个，分别是"奔跑"和"咳嗽"，它们都是表示行为动作的动词（+ action）；动词语义蕴含施事的存在，所以动作具有自主启动性（+ initiative）；"奔跑"和"咳嗽"描述的是动词事件的状态，不关涉动词事件的过程，所以动词表现出无变化性（– change）、无影响性或无结果（– effect/result）、无终结性（– telic）的特征。这些特征说明，"奔跑"和"咳嗽"应该归属于非作格性动词类（参考表 3 – 4）。非作格性动词不表示完整的动词事件过程，它只截取了事件的起始阶段，仅描述事件的起始或者事件持续的状态。因此，动词事件只与动作的启动者相关，

---

① 本组双音节及物性动词数量多达 78 个，受篇幅所限，只选取了提供语料较多的词例放入表中。

不会涉及其他参与者，这样非作格性动词就呈现出不及物动词的句法表征。列表中的第二类双音节动词只有"高兴"一个，它是表示人的情感状态的感受类动词。与动作类动词描写事件的过程不同，它只表示相对静态的事件状况（–action），所以"高兴"的语义特征与变化性、结果或影响、终结性都无关（–change；–effect/result；–telic）。唯一相关的特征是动作具有自主启动性（+initiative），这是因为感受类动词表达的一定是感事发出的自主可控的动作。鉴于此，动词"高兴"也具有了非作格性动词的特点，它与表3–4在一个特征值上有差异，表3–4是解释行为动词的，而"高兴"是感知动词，所以我们将非作格性动词的语义表征进行了完善（见表3–7）：

表3–7　　　　　　非作格性动词属性特征（修正版）

Unergativity
Object：Doing Event
Attributes：{ ±action；–telic；–change；+initiative；–effect/result }
Participant = 1
Operation：Increment

　　非作格性动词只描述动词事件的起始或者动词事件的状况，不关涉变化、结果、影响，所以事件中的动词能量不传递，因此也不涉及另一个参与者。这样，以上两类动词通常都表现出不及物动词的特征。至于非作格性动词随事件变化而发生的可能的转换，以及转换需要的操作已在表中列出，此处不再赘述。

　　根据表3–6，可以进入不及物式评价性V–起来句的第三类动词只有9个，这9个动词在语义上有比较特殊的蕴含，它们都蕴含渐增变化。根据Dowty（1991）的观点，渐增变化说明动词具有原型受事的特征。Levin和Rappaport Hovav（1995）将这类蕴含渐增变化的动词划归作格动词类。根据事件转换模型，我们已经知道作格性动词是致使性动词的特殊类别，它是去致使化的结果。所以，在这些动词的基本特征中，动作行为（+action）的启动者应该具有一定的致使性（+causitive）。致使性动词事件表示的是完整的因果关系的事件，所以动词行为会带来变化（+change）、产生结果（+result）。因果是一个完整的事件链，所以动词具有终结性特征（+telic），结果便是终结点。不言而喻，这些特征都将本组的 9 个动词指向了致使性动词的类别。

表 3-8　　　　　　　　　　致使性动词属性特征

Causitivity
Object：Causing Event
Attributes：{ +action；+change；+telic；+casuitive；+result }
Participant = 2
Operation：Reductioin

　　如表 3-8 所示，致使性动词关涉的是致使事件，致使事件是及物性事件的特例，根据事件转换模型，致使事件是及物性事件的子类，二者之间是继承关联，所以它默认继承了及物性事件的基本特征。继承关联允许子类根据具体情况调变从父类（基类）默认继承的特征，所以致使事件用重写覆盖的方式突出了它的专属特征。因为它强调事件的因果关系，所以及物性事件的施事性自主启动特征也被重写为致使者或致使因；另外，及物性事件中的被影响者直接取消，突出事件的结果特征。致使事件中的致使性动词通常表现为及物动词的句法特征。

　　根据动词事件具有可变化性的特征，致使性动词可以转换为作格性动词。事件转换模型已经清晰地表明，作格性事件与致使性事件之间也是继承关联，在继承关联关系中，作格性事件是子类，它默认继承致使性事件的特征属性。但是，作格性事件表现的是动词事件的结果状态，并非完整的致使—结果事件过程，所以作格性事件也是截取了完整事件的一部分。这样，致使性事件中的致使因、变化性、行为性都被重写，重写意味着去致使化。致使性动词通过减元操作转换为作格性动词，所以作格性动词的语义特征由表3-9所示。需要说明的是，作格性动词不能反向通过致使化操作转换成致使性动词，这是因为致使性事件和作格性事件之间是继承关联，只能子类继承父类，不能反向继承，所以操作标记为Ø。由此可见，作格性动词是在致使性动词的基础上变化而来的，它并非动词的最初始的状况。

表3-9 作格性动词属性特征

ergativity
Object：Becoming Event
Attributes：{ - action; - change; + telic; - casuitive; + result }
Participant =1
Operation：Ø

表3-6显示，进入不及物式评价性V-起来句的第四类双音节动词具有典型的及物性动词的特征。它们都是动作动词（+action），表达了从动词事件的起始（+initiative）至结束（+telic）的完整动词事件过程，包括动词带来的变化（+change），造成的影响或者产生的结果（+effect/result）。及物性动词的特征属性详见表3-5。如果事件不发生变化，及物性动词构建的句子必然具有及物动词的句法特征。但是，根据事件可变化的特征，如事件转换模型所示，及物性动词有可能通过减元操作转换为非作格性动词，也有可能通过减元操作转换为作格性动词（及物性动词、致使性动词、作格性动词三者之间是继承关联，及物性动词是上层的父类）。

综上所述，进入不及物式评价性V-起来句中的双音节动词V有四种类型，分别是非作格性动作动词、非作格性感觉动词、蕴含渐增意义的致使动词（它常常表现为作格性动词）、及物性动作动词。通常情况下，非作格性动词的句法特征是不带宾语的不及物动词，致使性动词和及物性动词呈现及物动词的句法特征（带宾语）。根据事件的可变性特征，事件转换模型预测了每一类动词可能的转换结果。

三 分类小结

本节完成了句法分析研究的第一个关键步骤，即动词分类。基于语料信息，进入不及物式评价性V-起来句的动词有单音节动词和双音节动词两类。本研究讨论的是动词的语义概念在句法结构中的实现问题，所以动词必须按照语义特征进行分类。根据事件转换模型提供的事件语义标准，单音节动词可以分为非作格性动作动词和及物性动作动词两类；双音节动词可以分为非作格性动作动词、非作格性感受动词、蕴含渐增意义致使性动词（它通常表现为作格性动词）、及物性动作动词四个小类。汇总发现，能够进入不及物式评价性V-起来句的动词几乎都是动作动词。事件转换模型根据动词的语义特征划分了基本类别，由于事件的可变性，在具体句子结构中基本的动词语义有可能发生变化，从而产生动词类别转换，最终影响动词论元的句法实现结果。事件转换模型预测了每类动词可能的转换结果。需要说明的是，可能的转换结果必须通过具体的题元操作才能检验。题元操作的前提是对已经分类的动词进行题元编码，下一节将讨论题元编码的问题。

第三节 题元编码

虽然我们依据事件转换模型的动词语义特征对动词进行了分类，但是这些特征属性都是描述性的，无法作为操作算子进入题元操作程序中。已经分类的动词，在进入词汇操作或称题元操作程序之前，必须进行编码。本研究采用题元系统理论来分析和推导动词的论元实现，所以动词编码依据的是题元系统特征丛编码方式。Reinhart（2000）

将动词的题元按照特征值 c 和特征值 m 的不同组合进行编码，在题元系统中提供了 8 种题元特征丛（详见表 2-1 theta 特征丛）。特征值 c 和特征值 m 都具有二分值，±c 表示动词是否具有致使变化的特征，它决定着所讨论的论元是否导致动词事件的发生，或者致使动词事件产生变化。±m 值表示动词特征是否涉及心理状态，它决定着所关涉论元的心理状态是否与动词所表示的事件相关。这两个特征值本身具有语义的普遍性和可解释性，而且两个特征值的排列组合可以为词汇运算做好准备。因此本节根据题元系统提供的题元特征值 c 和 m 对已经分类的动词逐一编码，形成题元特征丛，并且指出已编码的动词题元信息所涉及的论元实现具体问题。

一　单音节动词编码

不及物式评价性 V-起来有两种不同类型的单音节动词，即非作格性动词和及物性动词。按照题元系统的题元编码方式，我们对所关涉的单音节动词按词类进行了编码，详细情况见表 3-10。

表 3-10　　　　　　　　单音节动词编码结果

词类	题元特征丛	词例
unergativity	V（[-c+m]）	走、喊、跑、唱、玩儿
transitivity	V（[+c+m]，[-c-m]）	读、做、吃、喝、用、学、办、干、穿、打、骑、带、改、讲、写、念、改、谈、查、包、洗、建、堵、刮、卖、擦、住、译、关、踢、抄、树

单音节非作格性动词的题元特征丛表征为 V（[-c+m]），-c 值说明动词事件描述的是状态，不涉及动作带来的变化或可能致使的后果；+m 值说明动词题元的心理状态或者生命属性对动词事件有影响。所以，最能解释 [-c+m] 题元特征的标签是经事角色。另外，非作格性动词的基础题元栅只有一个题元，当它与动词论元合并时，

根据 EPP 的要求，它必须占据句法主语的位置。基于这一分析，由本组动词构成的评价性 V - 起来句，动词的论元必须是主语论元，它具有［- c + m］的特征属性，通常被解释为经事角色。参考具体语料信息，情况与我们分析的大致相符，如：

（1）a. 苏炳添跑起来风一样。
　　b. 她唱起来或宛转悠扬，或嘹亮动人。
　　c. 他们喊起来声嘶力竭，听着都难受。
　　d. 他走起来蔫头耷脑的，一副萎靡不振的样子。
　　e. 孩子们玩儿起来疯子一样。

以上语料不但在构型上满足"N + V - 起来 + AP"格式，而且句式意义都是评价性的。动词的唯一论元均占据句法主语的位置，论元的语义特征是动词事件的经事。

但是，在语料中，我们还发现了如下例句：

（2）a. 九连环玩儿起来太难了。
　　b. 基层跑起来很辛苦。
　　c.《石油工人之歌》唱起来特自豪，因此我报考了当时的四川石油学院。
　　d. 尽管天气转好，但这条仍然泥泞不堪的路走起来十分吃力。
　　e. 有调有韵的标语诗听起来顺耳，喊起来顺口。

很明显，虽然"N + V - 起来 + AP"的构句格式没有发生任何变化，句子依然表达评价性的意义，但是占据句法主语位置的动词论元不再具有［- c + m］题元特征，有的变成了［- c - m］特征（如2a, 2c, 2e），有的变成了［- c］特征（如2b, 2d），这些题元特征都与单音节动词编码表中的语义信息不一致。这种情况意味着动词的基础题元栅发生了变化。当动词的语义特征发生变化时，基于语义划分的动词类别也会随之变化，言下之意，例（2）中的动词类别发生了转换。根据事件转换模型，动词类别发生转换是因为动词事件发生了变化。那么在此例中，引起事件变化的原因究竟是什么，这一点必须在后续的讨论中加以说明。

通过以上分析，我们可以看出，在单音节非作格性动词中，同样的动词在同样的句法结构中会表现出异质的现象。同形异质是一词多义现象的具体表现，我们将在构句推导部分解释何种操作构建了这种同形异质的句法—语义关系。

在及物性单音节动词组中，动词的题元被编码为双题元特征丛 V（[＋c＋m]，[－c－m]），这意味着动词拥有两个论元。题元特征丛[＋c＋m]的解释比较固定，一般对应于施事，施事通常会主动启动动作事件，而且施事的心理状态或者意愿性都会影响动词事件；特征丛[－c－m]的解释也相对稳定，一般指客体或者受事，客体/受事都是动词事件的针对者或者受影响者，但是，它们是否具有生命属性，它们的心理状态是否有变化，它们是否具有意愿性等语义特征都不会对动词事件本身产生任何影响。通常情况下，动词基础题元栅的两个题元特征丛分别与动词的两个核心论元合并，具有施事性的论元通常实现为主语论元，具有客体/受事性的论元实现为宾语论元。这样，在句法表征上，动词的及物性语义特征属性可以完全获得实现，并且以及物动词的形式构建句法结构。但是，在我们的语料中，这些动词都可以进入不及物式"N＋V－起来＋AP"格式的评价性V-起来句中，例如：

(3) a. 冰心的怀乡情结读起来清秀宜人，感人至深。
　　b. 原版的《经济学原理》读起来颇为不易。
　　c. 实事求是说起来容易，做起来难。

d. 这件事做起来困难重重，而且收效不大。
e. 臭豆腐闻起来臭，吃起来怪香的。
f. 新鲜莲子吃起来又脆又甜。
g. 支付宝用起来很方便。
h. "虽然'呼麦'学起来有点费劲，但越学越爱学。"学员孟克告诉记者。
i. 数学、物理、化学学起来并不容易，但是非常实用。
j. 家乡的山泉水喝起来清爽甘甜。
k. 山里人家的茶汤喝起来却苦而甘，真是苦得妙甘得奇。

以上语料信息显示，及物性单音节动词"读、做、说、吃、用、学、喝"等高频出现在"N + V – 起来 + AP"的格式的评价句中。根据动词的基础题元栅信息，这些动词应该以及物动词的形式构句，题元栅中的题元分别与句子的主、宾语论元合并。但是，语料结果却显示，它们通常以不及物动词的形式构句，句子的主语论元并不具有 [+c +m] 的题元特征丛，反而是具有 [−c −m] 题元特征丛的论元占据了句法主语的位置。或许正是这个原因，许多学者（宋国民，1997；曹宏，2004a、2004b、2005；何文忠，2004、2007 等）认为这和英语中动句的表达方式类似，这些句子应该被视为汉语中动句。本研究关注的是，为什么动词的基础题元栅信息没有获得句法实现，是什么样的操作修改了题元栅信息，使得及物性动词表现出不及物动词的句法特征。

及物性单音节动作动词的其他一些句法表现也值得关注，语料库还提供了以下例句：

(4) a. 自助餐吃起来很省事。
    b. 食堂吃起来的确方便。
    c. 大碗吃起来才过瘾。

第三章 不及物式评价性V-起来句的论元实现

    d. 夏天的柏油路骑起来非常吃力。
    e. 大花洒喷头洗起来更舒服。
    f. 这样的小区住起来倍儿有面儿。

    在这组例句中，及物性动词"吃、骑、洗、住"的句法主语"自助餐、食堂、大碗、柏油路、花洒喷头、小区"既不是题元特征丛[＋c＋m]，也不是题元特征丛[－c－m]，确切地说它们与动词基础题元栅中的语义信息无关，不是由动词词语语义选择的题元。学者们（袁毓林，2002；Pylkkeyen，2008；孙天琦、李亚非，2010；孙天琦，2011等）将这种并非动词指派语义特征的名词性成分称为动词的非核心论元，它们占据句子主、宾语位置的情况称为非核心论元占位。非核心论元通常具有处所、方式、工具、时间等旁格语义角色。那么，这些不受动词语义选择限制的特征是通过怎样的操作实现为不及物式评价性V-起来句的主语论元的，这正是本章关注并尝试解释的语言现象。

    当然，语料中有部分及物性单音节动词实现了及物动词的句法表征，但是，它们的句法语序和语义语序都表现出了非常规性。在以下由动词"读、穿、念"构成的句子中，句法上出现了双主语的特征，而且语义顺序是受/客＋施＋动：

(5) a. 这首民族风情的抒情长诗他读起来回旋起伏、舒缓悠徐，像聆听草原牧歌中的漫吟长调。
    b. 这封家书我至今读起来仍然备感亲切。
    c. 在海里谋生，敞领少扣的衣服渔民们穿起来更方便。
    d. 这么佶屈聱牙的文章他念起来却行云流水、字正腔圆，不得不佩服他深厚的文字功底。

    这种句法表征形式与本章讨论的不及物式评价性V-起来句的

"N+V-起来+AP"格式无关,我们将在后章及物式评价性V-起来句的论元实现中专门讨论这种语言现象,本章不再涉及。

综上所述,在不及物式评价性V-起来句中,题元特征编码后的非作格性单音节动词表现出两种句法特征:第一类句式中动词的题元特征与编码信息一致;第二类句式中动词的题元特征与编码信息不一致,这说明基础题元栅发生了变化,动词发生了转类。题元特征编码后的及物性单音节动词的题元特征与基础题元栅中的信息完全不一致,不但动词题元的特征发生了改变,而且动词题元的数量也被约减。以上句法表征中动词题元信息与动词的基础题元信息不一致的原因正是本研究关注的重点。我们将在题元操作和论元推导中对这些问题进行分析和解释。

二 双音节动词编码

能够进入不及物式评价性V-起来句的有四类双音节动词,即非作格性动作动词、非作格性感受动词、蕴含渐增概念的致使性动词和及物性动词。根据题元特征编码方式,四类动词被分别编码,具体编码信息见表3-11:

表3-11　　　　　　　　双音节动词编码结果

词类	题元特征丛	词例
unergativity	V（[-c+m]）	奔跑、咳嗽
unergativity	V（[+m]）	高兴
causitivity	V（[+c]，[-c-m]）	恢复、实现、完成、发展、贯彻、开展、推广、推行、改进
tansitivity	V（[+c+m]，[-c-m]）	解决、操作、使用、实施、执行、实行、管理、落实、分析、研究、治理、应用、检查、搜集、调整、清洗、制作……

依据表3-11,非作格性动作动词"奔跑"和"咳嗽"的题元特

征编码为［-c+m］，-c值表明动词事件描述的是事件状态，不涉及动作带来的变化或可能致使的后果；-c值还说明动词的唯一论元具有自主启动动作的特征，但是动词没有致使性特征。+m值表示动词事件特征涉及心理状态的影响，它蕴含生命属性特征。通常，特征丛［-c+m］被解释为经事角色。动词只有一个特征丛，这意味着动词表示的事件并非完整的事件过程；因为动词事件没有表示结果、变化状态、受影响者等另一参与者，所以它只是截取了事件的启动和持续状态。根据动词题元栅信息，动词唯一的论元与唯一的题元特征合并，占据句法主语的位置。句子表现出不及物动词句的句法特征，如：

(6) a. 在这样软的场地上打球，队员们奔跑起来比较费劲。
    b. 他咳嗽起来没完没了，我都替他难受。

非作格性感受动词"高兴"的题元特征丛是［+m］，这说明动词事件不是由活动动词构建的，动词事件描述的是事件的状态，而且这个状态只关涉题元的心理特征。另外，特征丛［+m］蕴含题元具有生命属性特征。非作格性动词的基础题元栅显示只有一个题元，当它投射到句法结构中后，只能作为句子的主语论元。这样句子依然表征为标准的不及物动词句，如：

(7) 他高兴起来手舞足蹈。

语料中出现的这三个动词（"奔跑、咳嗽、高兴"）依据其非作格性动词语义在句法中表现出不及物动词的特征，并且构建一元不及物动词句。这种动词语义和句法结构的对应关系没有任何特异性，所以，在其后的论元实现推导中，只需描述每个具体步骤即可。

不及物性动词中比较特殊的是这九个蕴含渐增变化的动词，按照

Vendler（1957）基于体特征对动词的划分，它们可以被归为渐成类动词。根据 Dowty（1991）的观点，渐增变化说明动词具有原型受事的特征。在 Levin 和 Rappaport Hovav（1995）的动词类别划分中，这些表示渐增变化的词被划归为作格动词。根据事件转换模型，我们已经获知具有作格性特征的动词是致使性动词转类的结果，Dowty、Levin 和 Rappaport Hovav 对这类动词的描述是基于转类之后的派生题元栅获得的。题元操作就是要说明动词转类对动词论元的影响，所以题元系统的所有操作都是始于动词基础题元栅的。就本组动词而言，它们本来的题元栅信息应该是致使性的，这些动词共享的题元特征丛是 V（[+c]，[-c-m]）。[+c] 说明，动词具有致使性的特征，动词的相关题元应该对应致使因或致使者这样的角色；[-c-m] 通常被解释为客体或受事，-c 值决定了具有这个特征的题元不会影响或改变动词事件，题元的 -m 特征值说明动词事件与此题元的心理状态变化无关。具有致使性动词特征的本组动词，进入评价性 V-起来句后全部表现出作格性动词的特征（见例8），原题元栅中的题元数量不但发生了变化，而且与主语论元合并的题元特征丛不是 [+c]，而是 [-c-m]。

(8) a. 遭到破坏的生态环境恢复起来十分困难。

b. 这种伤生理和心理上创伤恢复起来都不容易。

c. 但依海而兴的愿望实现起来那么遥远。

d. 国家精准扶贫的目标真正实现起来相当不容易。

e. 京剧音配像工作完成起来颇为不易。

f. 山西的环保工作开展起来困难重重。

g. 西部地区的经济发展起来潜力巨大。

h. 许多农业实用技术推广起来难度很大，原因在于农民对一些科学知识似懂非懂。

i. 在有些地方，中央的精神贯彻起来常常不深入、不彻底。

第三章 不及物式评价性V-起来句的论元实现

j. 对外经济政策的调整推行起来并非一帆风顺。
k. 懒政改进起来困难巨大。

通过事件转换模型，我们已经可以确定动词发生了转类，由致使性动词变成了作格性动词。本研究要明确是什么原因造成了动词转类，动词转类给论元实现过程带来了什么样的影响。在之后的论元实现推导中，以上问题都必须加以说明。

及物性双音节动作动词的情况比较统一。本组动词无论在数量上还是相关语料上都占据绝对优势。它们的基础题元栅信息被标记为 V（[+c+m][-c-m]），两个题元特征丛分别是动作动词事件中最常见的 [+c+m] 和 [-c-m]。通常，[+c+m] 特征丛被解释为施事，因为+c值要求与致使性和变化性密切相关，而+m值牵涉心理状态或者生命性，二者关联的结果用施事解释最为贴切。当它与动词论元合并时，占据句法主语的位置。另一个题元特征丛 [-c-m] 说明，动词事件的另一参与者不引起事件的变化，它只是事件的针对者或承受者，而且它的心理状态或生命属性也与事件无关，不会对事件造成任何影响，所以 [-c-m] 一般对应于客体/受事，它在句子中常常实现为宾语论元。本组动词数量比较庞大，受文章篇幅限制无法一一呈现语料检索的结果，我们以表3-2为依据，以出现频次最高的五个动词"解决、操作、使用、实施、执行"作为代表，通过语料直观感受这类动词在不及物式评价性V-起来句中的特征属性。

(9) a. 义务教育阶段农民工子女的教育问题解决起来非常棘手。
　　b. 经济领域内一些深层次的矛盾解决起来难度较大。
　　c. 这样一套改革措施操作起来相当困难。
　　d. 这种汽车动力转向器操作起来轻便、灵敏，大大减轻了驾驶员的工作强度。
　　e. 第二代因特网使用起来更加方便，更加傻瓜化，技术制作和管理更加简单。
f. 电炊具使用起来快捷方便，且不污染环境。
g. 动态随机化分组实施起来并不容易。
h. 小学生就近入学的改革措施实施起来困难很大。
i. 没有实施细则的规则制度执行起来相当困难。
j. 有章可循的管理规范化管理制度执行起来客观有效，人人服气。

在以上例句中，所有的及物性动词都没有按照动词的基本特征属性实现为及物动词，反而全部表征为 N + V – 起来 + AP 格式，表达评价性意义。句子主语论元的语义特征是 [– c – m]，基础题元栅中的题元特征丛 [+ c + m] 没有与动词的论元合并，也未获得句法实现。毫无疑问，我们需要知道是怎样的动因使得基础题元栅的信息发生了改变，并导致了动词转类，最终表现为不及物动词的句法表征。及物性动词的不及物化，既更改了动词本来的句法—语义关系，也影响了动词论元实现的结果。

与单音节及物性动词的情况类似，我们在语料中也发现，及物性双音节动词也可以表征为及物动词的评价性V – 起来句，但是，它们的句法表达方式与常规及物动词句有所不同。要么是复合谓语动词V – 起来变为其分裂格式"V 起 N 来"，动词宾语被放入分裂格式 N 的位置（如10 a – e）；要么是句子呈现出双主语形式，动词的两个论元并置于句法主语的位置（如10f, 10g）。

(10) a. 党和国家解决起"拖欠农民工工资"的问题来坚决果断，绝不姑息手软。
b. 熟练工操作起这台数控机床来得心应手。
c. 派出所的同志处理起这种纠纷来有条不紊、耐心十足。
d. 她学习起这项新技术来十分投入，已经到了废寝忘食的地步。

e. 交警执行起新规来有理有据，有礼有节。
f. 这套资源配置的提案技术部门操作起来既复杂又费力。
g. 这种自动量水饭锅三口之家使用起来十分方便。

例句中的及物性动词虽然实现了及物动词的句法表征，但是非常规的句法语序必须获得合理的说明。由于本章讨论的是不及物式评价性V-起来句的论元实现问题，所以我们把这部分内容放到专门的章节，进行专题讨论。本章不再对此做出进一步说明。

综上所述，在不及物式评价性V-起来句中，双音节非作格性动词中有动作动词和感知动词两个小类，相关的动词比较有限，这些非作格性动词按照基础题元栅信息以不及物动词的形式出现在句法中，构建不及物式V-起来句。动词没有转类现象，动词的论元实现符合常规的动词语义和句法结构的对应关系。在不及物式V-起来句中，还有一类蕴含渐增变化的动词，它们的句法表征是不及物动词，但是在语义上它们是致使—作格交替动词，本研究在论元实现推导中重点关注的是什么原因造成了动词交替。对于及物性双音节动作动词，它们在数量上占据绝对优势，统一表现出的特点是，及物性动词未按基础题元栅信息实现为及物动词句。这说明，在不及物式评价性V-起来句的构建过程中，某种原因使得及物性动词转化为不及物性动词，修改了基础题元栅展现出的动词语义和句法结构的对应关系。在之后的论元实现推导中，必须探究和解释动词转类的原因。

第四节 体特征一致性原则

在讨论动词分类的过程中，我们发现能够进入不及物式V-起来句中的动词呈现出这样两个特点：（1）占绝对多数的是动作动词，在127个动词中，37个单音节动作全部是动作动词，双音节动词中有80个是动作动词；（2）在余下的10个动词中，除了一个感知动词以外，其他9个动词都是渐成动词。依据Vendler（1957）的动词划分标准，状态动词（state）、活动动词（activity）、渐成动词（达成动词）（accomplishment）和完成动词（achievement）四类动词还可以根据动词事件对时间的需求继续划分成过程动词和非过程动词两类。过程动词需要表示持续的时间段（time periods），非过程动词需要的是独特的、确定的时刻（time instants）。这样状态动词和完成动词被划归非过程类动词，活动动词和渐成动词归属过程类动词。参考Vendler的划分结果对照能进入不及物式评价性V-起来句的动词，我们发现句式所需的动作动词和渐成动词全部是过程动词。这种现象绝非偶然，那么允准动词的决定因素究竟是什么？

在讨论动词编码的过程中，我们一再强调，当动词基础题元栅中的题元特征与不及物式评价性V-起来句主语论元的题元特征不一致时，一定是动词事件发生了改变。事件的变化造成了动词的转类，动词转类会使动词的基础题元栅发生改变，由此造成了论元实现结果的变化。那么，造成这一连串变动的原因究竟是什么？

动词的允准条件和动词转类的根源问题还是动词本身。评价性V-起来句的谓语动词不是光杆动词V，而是V-起来复合动词。谓核V与趋向补语"起来"虽然合成一个结构，但是它们在构建句法结构的过程中承担的职责并不相同。对于谓核V而言，动词题元栅信息、动词的基本事件语义都和V息息相关。对于趋向补语"起来"而言，它的语义特征或许就是解决以上两个问题的关键。

词典中对"V-起来"有四种不同的解释，直接与评价性V-起来句相关的释义是：表示估计或者着眼于某一方面的描述、推测和评价，表达了说话者的看法和意愿[1]。这个释义只能解释由V-起来结构构成的句子的句式意义，它对于句法构建完全没有任何帮助。刘月华等（2004）指出，"起来"是汉语中用作趋向补语的趋向动词，通常趋向

---

[1] 参考本书第一章第一节关于"起来"的词典释义。

动词表示三类意义：趋向意义、结果意义、状态意义。趋向义是趋向动词本身所表达的具有方向性的动词意义。表示结果义的趋向动词说明动作有了结果或者达到了目的。状态义是趋向动词的虚化意义，它失去了空间上方向的运动，要么表达进入一个新的状态，要么表示动作或者状态在时间意义上延展和继续。本研究认为，正是"起来"的状态义使它成为体特征语法助词，在V-起来句中，V的选择会受到"起来"的限制，V表达的事件语义也会受到"起来"状态义的调变。

进入句式的动词V几乎是清一色的过程动词，而评价性V-起来句中的"起来"传递的是它的状态意义，这样过程动词的语义特征与"起来"的状态意义产生了不兼容性。理论上，如果谓核V也能表示状态意义，那么V和"起来"在语义上兼容，复合谓语动词的语义特征才更一致。其实，正是这种语义不兼容带来了动词事件的调变。所以，动词事件发生变化进而引起动词转类的真正原因就是V与"起来"在语义特征上不能兼容，"起来"对V进行了调变，要求V执行转类操作，最终达成V与"起来"的语义特征一致性。例如：

(11) a. 我们读了新版的《经济学原理》。
　　 b. 我们读起新版的《经济学原理》来。
　　 c. 新版的《经济学原理》读起来很难。

在（11a）中，动作动词"读"的启动者"我们"、动词"读"以及读的对象"新版的《经济学原理》"构成了完整的"读书"事件，而且语法助词"了"清晰地表明这个动词事件已经完结了。在（11b）中，由"读"的启动者"我们"、动词"读"以及读的对象"新版的《经济学原理》"也构成了"读书"事件，但是，与（11a）的情况完全不同，"起来"开启了一个新的状态，使得"读书"事件开始进行。"起来"蕴含结束了前一个事件，开启了一个新事件，表示开始或进入一个新的事件状态中。(11c) 就是我们的评价性V-起来句，在这里"读书"事件已经变得不完整，只表示"读"的结果，"起来"再一次调变了事件的体特征。它将表示结果的终结点修正为无终结点，这样"读起来"就变成了可以无限延长的状态。在这个句子中由于"起来"的状态义，动词"读"的基本语义特征被改写了。所以，本研究认为，"起来"的状态义表现出的体特征最终影响了谓核V的事件意义，它对V的事件意义的调变能够引起动词的转类，进而影响到动词论元的实现。因此，本研究将V-起来结构中的"起来"视为体特征语素，当动词V表达状态性事件时，V与"起来"体特征一致，不会出现"起来"对V的调变，V会依据它的基础题元栅生成论元结构。当动词V表达完整的动作事件时，V与"起来"的体特征不一致，"起来"会对V进行调变，强迫V进行转类操作以满足它与"起来"在体特征上保持一致。这样，V的基础题元栅就必须进行修正，并依据修正后的派生题元栅生成论元结构。本研究认为，谓词的趋向补语"起来"的状态义对V的体特征一致性要求是引发动词事件变化的真正原因，也是动词转类的动因，所以保持"起来"的状态义是构建句式的关键，"起来"是强制性体特征语素。基于此，我们提出体特征一致性原则（Uniformity of Aktionsart），它既是评价性V-起来句V的允准条件，也是动词转类的充要条件。

(12) 体特征一致性原则：
    a. 当且仅当V的体特征与"起来"的体特征（状态义）一致时，V表示状态性事件，"起来"不强制V的转类操作。
    b. 当且仅当V的体特征与"起来"的体特征（状态义）不一致时，V表示过程性事件，"起来"强制V的转类操作。

在论元实现过程的分析中，我们会将体特征一致性原则插入论元实现的推导步骤，对题元栅是否需要调变做出明示。之后再按题元系统的词汇操作和合并指导原则推导动词论元的句法实现过程。需要说明的是，体特征一致原则适用于谓语动词是V-起来的所有格式的评价性V-起来句。

第五节　动词论元实现过程

本节要讨论的是不及物式评价性V-起来句论元实现的具体操作程序和推导步骤。根据题元系统理论，进入词汇操作程序的必须是已经编码的动词题元。因此，进入本节词汇操作和论元推导程序的动词题元全部以上一节动词编码的结果为准。由于能够进入不及物式评价性V-起来句中的动词数量比较多，所以，我们以动词类别为基础，每类动词选取一个代表，对比代表性动词的相关语料信息，讨论不及物式评价性V-起来句所涉及的一词多义现象，动词交替现象，非核心论元占据主语论元现象，并且解释这些异质的动词是由于怎样的原因和通过怎样的操作手段被统一到不及物动词的句法表征中去的。

一　动词"跑"的论元实现

动词"跑"是单音节非作格动作动词的代表，我们将通过推导"跑"的论元实现过程，来分析这类动词在不及物式评价性V-起来句所呈现的句法—语义关系。

(13) a. 苏炳添跑起来风一样。
　　　b. 基层跑起来很辛苦。
　　　c. 山路跑起来不容易。

在这组由动词"跑"构成的V-起来评价句中，要想找到句式构建的特征必须从动词基本题元栅的题元编码开始。根据动词本身的概念意义，"跑"表示两只脚或四条腿迅速地前进①，表达的是动作事件的持续状态，这样的概念意义意味着该动词只有一个题元。该动词题元最突出的特征是它蕴含生命属性特征和自主启动动作的特征。所以，"跑"的基础题元栅信息可以编码为跑（[-c+m]），-c值表示动词无致使性特征，动词也无变化性特征，动词事件是非过程性的；+m值说明动词与心理状态因素或者生命属性关系密切。由-c值和+m值组合而成的题元特征说明动词具有一定的自主性，题元特征丛[-c+m]可以被解释为非典型施事②，它与主语论元合并时经常关联非作格性动词。非作格性动词表达的并非是完整的动词事件过程，只是截取了动作的起始阶段或者描写动词事件的持续状态，此时动词的体特征与"起来"的状态义一致，符合体特征一致性原则。这样，动词的题元栅无须变动，动词也无须转类操作。根据题元系统的操作规程，已编码但未标记的题元特征丛不能进行词汇操作，必须按照词汇标记规则的要求先标记题元特征丛。词汇标记规则（Reinhart，2002：246）指出：假设有一个n元动词（n>1），具有[-]值的特征丛被标记为2，具有[+]值的特征丛被标记为1。如果题元栅中包含[+]值的特征丛和完全标记的特征丛（[-c-m]特征丛或者[-c+m]特征丛），那么动词具有宾格，这个完全标记的特征丛被标示为ACC。动词"跑"的基本题元栅中只有单一的[-c+m]特征丛，这意味着动词的题元特征丛不符合词汇标记规则，这个混合题元特征丛无法进行词汇标记，所以动词的基本题元栅可以保持不变。此

---

① 参见《现代汉语词典》（第七版）词条"跑"（2019：981）。
② 在题元系统理论中，Reinhart（2002）将[-c+m]解释为经事，但同时强调，题元特征丛不完全对应传统的题元角色，题元角色只是方便理解题元特征的标签。在本研究中，我们认为及物性是基础事件语义，作格性、非作格性、致使性都与及物性有内部关联性。非作格性动词事件是及物性事件的一部分，它只关注事件的起始，所以非作格性动词的主语语义特征不再具有典型施事性，因此在研究中我们将[-c+m]解释为非典型施事，因为-c值无关致使性，也不表示变化结果，+m值表示具有自主或自发性特征。

第三章 不及物式评价性 V-起来句的论元实现

时,没有任何阻止题元与动词外部论元合并的障碍,动词"跑"的唯一题元特征丛理所应当地合并为外部论元。在题元系统中生成的论元结构输入至句法运算系统,句法核查后论元才能真正实现在句法主语的位置上。具体推导过程如下:

(14) 词条:跑

例句:苏炳添跑起来风一样。

基础题元栅:跑([-c+m])

体特征一致性原则:(√) (注:动词的题元特征丛说明动词是非作格性动词,非作格性动词表示完整事件的一部分,常描述事件的起始或事件的延续状态,与"起来"的状态义一致,符合体特征一致性原则(i),所以动词无须转类操作)

词汇标记:— (注:词汇标记的前提是动词是 n 元动词,且 n>1。本例中动词"跑"是一元动词,不符合词汇标记的规则)

词汇操作:— (注:无词汇标记的题元不能进行词汇操作)

合并指导:— (注:不能进行词汇操作的题元也无须题元合并指导)

输出:[-c+m]跑 eg. 苏炳添[-c+m]跑(起来)风一样。

句法核查：苏炳添［-c＋m］跑（起来）风一样。

句式符合不及物动词的语法特征，无须任何句法操作进行调整和修正。

（14）的推导过程是针对例句（13a）的，题元系统输出的论元结构"［-c＋m］跑"已经构成了施＋动关系，所以，论元结构进入句法运算系统后顺利通过句法核查，它既不需要移动操作，也不需要满足EPP原则。动词"跑"构成的论元结构"［-c＋m］跑"反映了常规的动词语义和句法结构之间的对应关系。

再来看例句（13b）中动词论元的句法实现过程和特点。我们已知动词跑的基本题元栅信息是跑（［-c＋m］），在没有任何词汇标记和词汇操作的情况下，动词的外部论元只能与题元特征丛［-c＋m］合并。但是，(13b）中的主语"基层"明显不具有＋m特征值，这样［-c＋m］特征丛就发生了变化，变成了［-c-m］。对应题元特征丛表（参见表2-1），［-c-m］具有最典型的受事或者客体特征，这样说来，(13b）的主语论元与（13a）的主语论元和动词"跑"构成了完全不同的语义关系。既然语义关系不同，那么即使是相同动词，论元实现过程也肯定不一样。根据《汉语动词用法词典》，词条"跑"有为某事奔走的释义（孟琮等，1999：274），而且词典中提供了诸如"跑经费、跑码头、跑上海、跑单帮"等动宾结构的词组，本例中的"跑基层"就属于这种用法。由此可见，动词"跑"有及物动词的用法。根据动词"跑"的基本题元栅信息，它表达的是"纯"不及物性语义特征，而且也在句子中实现了不及物动词的特征（即无宾语），所以动词"跑"是具有非作格性特征属性。非作格性动词无法构建动宾结构，如果要满足动宾结构，动词的基础题元栅肯定会发生调变和修改。通过动词的事件转换模型，我们已经知道及物性动词与非作格性动词之间是聚合关联的，构成了HAS-A关系，及物性动词是整体，非作格性动词识别和截取了完整动词事件的一个部分。及物性动词

第三章 不及物式评价性V-起来句的论元实现 ◀◀◀ 129

HAS-A 非作格性动词，而且处于 HAS-A 关系的整体和部分是可以独立于对方单独存在的。基于这样的内部关联性，非作格性动词"跑"可以通过词汇操作转变为及物性动词。题元系统理论中非作格性—及物性交替的具体词汇操作手段是致使化扩展操作，也称施事化扩展操作。该操作手段恰如其名，就是给不及物性动词的基础题元栅中增加一个施事性题元特征丛，在单题元特征丛题元栅的基础上派生一个双题元特征丛题元栅，使其具有及物性动词的特征，通常添加的是可以被解释为施事的题元特征丛 [+c+m]。根据词汇标记规则，标记的前提就是动词有 n>1 个题元。标记后的派生题元栅方可执行论元合并程序。根据合并指导原则（Reinhart, 2002: 247）：标记为 2 的题元合并为内部论元；标记为 1 的题元合并为外部论元；在不违反其他规则的指导思想下，题元合并为外部论元。题元系统合并的基本指导思想是，已标记的题元特征丛必须按照合并原则强制合并为外部论元或内部论元，未标记的题元特征丛的合并位置比较自由，由句法系统提供可允许的位置。基于以上分析，动词"跑"的非作格性—及物性交替论元推导过程如（15）所示：

(15) 词条：跑

　　例句：基础跑起来很辛苦。

　　基础题元栅：跑（[-c+m]）

　　体特征一致性原则：（×）　　（注：例句中的动词"跑"与"基层"构成了动宾结构"跑基础"，这个短语蕴含施事，这意味着"跑"表达的是完整的动词事件，这样动词事件语义的体特征与"起

来"的状态义不一致。根据体特征一致性原则（ii），要求动词转类操作满足"起来"的体特征）

词汇操作：
Expansion→Agentivization
跑（[+c+m]，[-c+m]）

(注：经过施事化扩展操作而派生的题元栅信息要根据具体情况进行修正。施事性题元特征丛[+c+m]说明动词事件是描述完整的起始过程和变化过程的，动词事件必须存在另一个参与者，它是事件的受影响者或者针对者，所以应该具有-c特征值。而且，无论另一参与者有意愿与否，有无生命性，都无法改变或者影响动词事件，所以-m值即可。这样，在派生题元栅中的另一个特征丛是[-c-m]，基于此，派生题元栅中的[-c+m]要修正为[-c-m]）

第三章 不及物式评价性V-起来句的论元实现 ◀◀◀ 131

派生题元栅：跑（[+c+m],
[-c-m]）

词汇标记：跑（[+c+m]$_1$,　（注：按照词汇标记规则，具
[-c-m]$_2$）　　　　　　　有[+]值的题元特征丛记
　　　　　　　　　　　　　为1，具有[-]值的题元特
　　　　　　　　　　　　　征丛标记为2）

合并指导：　　　　　　　（注：按照合并指导原则，标
[+c+m]$_1$→ external argument　记为1的题元特征丛合并为外
[-c-m]$_2$→ internal argument　部论元，标记为2的题元特征
　　　　　　　　　　　　　丛合并为内部论元）

输出：[+c+m] 跑 [-c-m]
　　　PRO [+c+m] 跑（起来）基层 [-c-m] 很辛苦
（注：经过词汇操作和论元合并程序后，题元系统完成了论
　　元实现的前句法步骤，它输出的论元结构信息就如例
　　示一般。题元系统的输出就句法系统的输入，论元的
　　最终实现需要句法规则的核查和语义推理系统的语义
　　核查）

句法核查：PRO [+c+m] 跑（起来）基层 [-c-m] 很
　　　　　辛苦
　　　　　基层 [-c-m] 跑（起来）很辛苦
　　　　　基层 i 跑起来 t_i 很辛苦
（注：PRO [+c+m] 无法出现在句法表征中，这样就违背了
　　EPP原则，此时句子可调用的NP只有"基层 [-c-m]"，
　　所以动词的内部论元移位，提升至句法主语位置）

以上分析明确指出，虽然（13a）和（13b）在句法表征上都是
N+V-起来+AP格式，但是（13a）是由动词"跑"的基础题元栅

构建的，题元栅中唯一的题元特征与动词唯一的论元合并占据句法主语的位置，而（13b）不是由动词"跑"的基础题元栅构建的。在（13b）中动词的基础题元栅经过施事性扩展操作，派生出了双题元特征丛题元栅，将非作格性动词改变为及物性动词，动词论元是基于派生题元栅构建的，最终呈现的句法表达式是词汇操作和句法核查操作共同作用的结果。所以，（13a）中的动词"跑"在语义上是非作格性的，在句法上表现为不及物动词特征，它直接通过动词基础题元栅构建 N + V – 起来 + AP 句式；（13b）中的动词"跑"在语义上是及物性的，在句法上表现出不及物动词特征，它构建的 N + V – 起来 + AP 格式是通过派生题元栅，在题元系统和句法系统共同作用下生成的。

至于（13c）句，我们发现动词"跑"的主语"山路"表述的是与动词事件相关的地点。在动词的基本题元栅中，地点角色是没有位置的，但是，如果从事件语义的角度看，"跑"的事件概念结构中可以包括事件发生的时间、地点、方式等。将动词的基本概念结构扩展为事件概念结构，这时动词事件可能的参与者就有机会出现，这类非动词选择的语义角色就可以被题元特征丛编码描述。动词的非核心论元在题元系统中被称为旁格题元，它的语义特征比较简单，在题元系统中通常被编码为［－m］或者［－c］。我们认为，在本研究中特征丛［－c］足以说明问题。在题元特征丛列表中，特征丛［－c］被解释为目标、来源、受益者等语义角色，这是 Reinhart 通过考察英语中的三元动词如 put、give、send 等得出的结论；［－c］特征丛指这些三元动词的间接宾语，它们常常以 to 引出，或者以其他介词引出。在题元特征丛列表中，特征丛［－m］被解释为情感的对象，或者其他旁格。由于汉语和英语的差异性，我们认为在汉语中特征丛［－c］在语义上足以概括处理工具角色之外的所有非核心论元的特征属性。事实上，常见的非核心论元角色与 m 值所表达的生命性、心理状态没有任何关系，所以也无须提及。c 值与动词相关，动词具有 + c 特征值时，说明动词事件至少与致使性密切相关，而且施事性题元特征丛中包含+c值，工具性题元特征丛也有+c值（参考第二章施事、致使者、工具三者之间的关系的解释，此处不再赘述）。当动词具有-c特征值时，说明动词事件是非动作性的，或者状态性。仅由-c值构成的特征丛[-c]一定只是描述动词事件的状态，或者说是非动作性事件。因此，所有与动作动词事件密切相关的特征属性此处统统不予考虑，这时我们可以认为动词的基本题元栅信息背景化了，或者说旁格角色的出现蕴含着动词的基本题元栅信息。当句子中仅有一个描述为[-c]特征丛的论元时，无论它与动词有无紧密的关系，题元系统都会将它放置在句法宾语的位置。至于这个位置是否合乎语法必须交由句法运算系统核查，当然还得通过语义推理系统的适配核查。所以，非核心论元可以实现为句法主、宾语的根本原因是，当动词的基本语义概念被扩大为事件概念时，与事件相关的可能参与者都有机会获得语义编码和语义解释。非核心论元可以实现为句法主、宾语的前提条件是动词基础题元栅的语义信息被隐含，只作为背景信息存在，这样与动词密切相关的事件参与者没有机会获得语义编码和语义解释。只有得到语义解释的参与者才有可能进入句法操作系统和语义推理系统，最终实现为句法论元。未获得语义解释的参与者无法进入句法操作系统和语义推理系统，当然也无法获得句法实现。基于这样的解释，动词"跑"的非核心论元实现可以通过如下步骤推导：

(16) 词条：跑

例句：山路跑起来十分不容易。

基础题元栅：跑~~[-c+m]~~　　（注：基础题元添加删除线，说明以下论元实现的推导与基础题元栅无关，题元栅中的语义特征属性全部背景化）

其他可能的参与者：跑（[-c]）　（注：[-c]特征丛可以用来指除了工具以外的其他旁格角色，比如地点、材料、方式等）

派生题元栅：—　（注：派生题元栅指的是由基础题元栅推导形成的题元栅，当基础题元栅不存在时，也不可能有派生题元栅）

词汇操作：—　（注：词汇操作仅针对动词的题元栅，此处无词汇操作）

合并指导：—　（注：无词汇操作的题元特征丛无须合并指导）

输出：跑[-c]

跑（起来）山路[-c]十分不容易。

句法核查：跑（起来）山路[-c]十分不容易

山路[-c]跑（起来）十分不容易。

山路$_i$跑（起来）t_i十分不容易。

（注：根据EPP原则，所有的句子都必须有主语，所以"山路"移位、填充至主语位置，满足了句法的EPP原则。句法操作使得非核心论元占据了句法主语论元的位置）

语义核查：虽然非核心论元不受动词语义选择的限制，但是它存在的合理性必须由百科知识的语义推理解释，只有与"跑"语义相容的非核心论元才能被接受。

本例中"山路"是"跑"事件发生时可能的地点。语义适配，所以"山路"可以作为非核心论元获得句法实现。

综上所述，代表非作格动词的"跑"有三种方式构建格式为"N＋V-起来＋AP"的不及物式评价性V-起来句。方式一："跑"作为非作格性动词，它在基本题元栅的基础上，编码动词唯一的题元，并使题元特征丛［-c+m］与动词的唯一论元在题元系统内完成合并，实现为主语论元，构建不及物式V-起来句；方法二："跑"作为非作格性动词，它的基本题元栅通过施事性扩展操作，派生出及物性双题元特征丛题元栅，动词的外部论元合并题元特征丛［+c+m］，动词的内部论元合并题元特征丛［-c-m］。由于合并后的外部论元是空语类，内部论元通过移位提升至句法主语的位置。通过非作格性—及物性交替，题元系统和句法系统协作，共同构建不及物式V-起来句；方法三："跑"作为非作格性动词，它的基本语义概念由事件调变扩展为事件语义，这样动词事件可能的参与者都有机会被题元特征丛编码和描述；当动词基础题元栅被背景化时，已经编码的动词非核心题元特征丛［-c］可以与动词的宾语论元合并，并进入的句法运算系统。通过句法系统的核查和句法操作的修正，非核心论元有机会占据句法主语的位置。

二　动词"吃"的论元实现

在及物性动作动词组中，最具代表性的单音节动词是"吃"，它在不及物式评价性V-起来句中充分体现了同形异质的特征。

(17) a. 他吃起来又急又猛，狼吞虎咽一般。
　　　b. 新鲜莲子吃起来又脆又甜。
　　　c. 食堂吃起来很省事。

d. 大碗吃起来才过瘾。

在以上由动词"吃"构成的"N+V-起来+AP"格式的句子中，主语论元与动词的语义关系都不相同。我们依然通过推导论元实现的过程来解释动词同形异质的原因。

及物性动词"吃"的基本题元栅信息是吃（[+c+m]，[-c-m]），[+c+m]通常被解释为施事，[-c-m]被解释为客体，这是及物性动词题元最普遍的语义特征。因为要构建不及物式句，所以及物性动词必须经过具体的操作才能修改及物性特征，这就是及物性—不及物性交替产生的原因。及物性—不及物性交替有两种情况：一种情况是及物性—非作格性交替；另一种是及物性—非宾格性（作格性）交替。及物性—非作格性可交替的理据是，及物性动词和非作格性动词具有聚合关联的内部关系，二者构成 HAS-A 关系，及物性动词 HAS-A 非作格性动词。具有聚合关联的整体和部分都可以独立于对方单独存在。及物性动词表达的是完整的动词事件过程，有事件的起始和变化结果；非作格性动词仅识别和截取部分的动词事件，不表达完成的过程，不涉及事件的变化和结果，通常只描述事件开启后的状态。因此，动词的基本题元栅要通过约减操作的方式，消减表示变化或者结果的动词语义特征，派生出单题元特征丛题元栅，然后再通过合并规则、句法核查等手段完成动词的论元实现。及物性—非宾格性交替的理据是，及物性动词和非宾格性动词之间具有继承关系，二者构成 IS-A 关系，非宾格性动词 IS-A 及物性动词，非宾格性动词是及物性动词的子类。非宾格性动词也是识别和截取了完整及物性动词事件的一个部分，它关注的是事件的变化结果，是对结果状态的表述，不涉及事件的开启。鉴于此，动词的基本题元栅也要通过约减操作的方式，消减表示开启或引起变化的动词语义特征，派生出单题元特征丛题元栅，然后再通过合并规则、句法核查等手段完成动词的论元实现。动词"吃"的两种不及物动词句的论元实现具体操作过程如（18）所示：

第三章 不及物式评价性V-起来句的论元实现

(18) 词条：吃

例句：他吃起来又急又猛，狼吞虎咽一般。

基础题元栅：吃（[+c+m]，[-c-m]）

体特征一致性原则：（×）　（注：动词"吃"的基础题元栅反映它是标准的动作动词，表示完整的"吃"事件，这与"起来"的状态义不一致，所以根据体特征一致性原则（ii），动词需要转类操作）

词汇标记：
吃（[+c+m]$_1$，[-c-m]$_2$）
（注：根据词汇操作标记规则，一个 n 元动词，当 n>1 时，具有[+]值的题元特征丛标记为 1，具有[-]值的题元特征丛标记为 2）

词汇操作：
Reduction：吃（[+c+m]$_1$，~~[-c-m]~~$_2$）
（注：在题元系统理论中，并未过多讨论及物性—非作格性交替以及约减动词内部论元的操作。我们参考约减外部论元的思路，基于动词事件转类模型，认为约减动词内部论元是可行的、可操作的。约减操作本身就是去宾格特征的操作，所以可取消的内部论元必须具有标记为 2 的[-c-m]特征丛）

派生题元栅： （注：执行过约减操作后的基础题元栅成为单题元特征丛的派生题元栅）
吃（[+c+m]₁）

合并指导： （注：根据合并指导原则，标记为1的题元合并为外论元）
[+c+m]₁ → external argument

输出：[+c+m] 吃
他 [+c+m] 吃（起来）又急又猛

句法核查："他 [+c+m] 吃（起来）有急又猛"符合不及物动词的语法特征，无须任何句法操作进行调整和修正。

(19) 词条：吃

例句：新鲜莲子吃起来又脆又甜。

基础题元栅：吃（[+c+m]，[-c-m]）

体特征一致性原则：（×） （注：动词"吃"的基础题元栅反映它表示的是完整的"吃"事件，这与"起来"的状态义不一致，所以根据体特征一致性原则（ii），动词需要转类操作）

词汇标记：吃（[+c+m]₁，[-c-m]₂） （注：根据词汇操作标记规则，一个n元动词，当 n > 1 时，具有 [+] 值的题元特征丛标记为1，具有 [-] 值的题元特征丛标记为2）

第三章　不及物式评价性V-起来句的论元实现

词汇操作：
Reduction：吃
($[\cancel{+c+m}]_1$, $[-c-m]_2$)

（注：在题元系统理论中，约减外部论元的操作也称为去主语化操作。这种约减操作只适用于具有+c特征值且标记为1的二元动词或多元动词的题元特征丛。约减外部论元的减元操作预测了约减后动词减少了宾格特征）

派生题元栅：
吃（$[-c-m]_2$）

（注：约减操作将双题元特征丛题元栅修改并派生为单题元特征丛题元栅）

合并指导：
$[-c-m]_2 \rightarrow$
internal argument

（注：根据合并指导原则，标记为2的题元合并为内论元）

输出：吃 $[-c-m]$
　　　吃（起来）新鲜莲子 $[-c-m]$ 又脆又甜。

句法核查：吃（起来）新鲜莲子 $[-c-m]$ 又脆又甜。
　　　　　新鲜莲子 $[-c-m]$ 吃（起来）又脆又甜。
　　　　　新鲜莲子$_i$吃（起来）t_i又脆又甜。

（注：在句法结构中，句子要满足EPP原则，必须有主语，此时句子可以调用的NP只有"新鲜莲子 $[-c-m]$"，所以动词的内部论元移位，提升至句法主语位置）

再来看（17c）和（17d）两句中动词"吃"的非核心论元占据句子主语的情况。非核心论元是指，在句子中与动词没有紧密语义关系的共现名词成分，它们通常不受动词语义选择的限制。理论上，非核心论元不会出现在句子主语、宾语的位置。然而，因为某些原因，有时也会出现它们占据句子核心论元位置的情况。这种情况在格语言中比较少见，但是，在汉语中，非核心论元占据句子宾语的情况比较多见。这些非核心论元的语义角色以方式、处所、材料、地点等为主，如"吃食堂、吃公款、坐沙发、唱美声、刷油漆、织平针"等。不及物式评价性V-起来句也允许非核心论元出现在核心论元的句法位置上，通常是主语论元的位置。很明显，仅仅依靠动词的基本题元栅信息还无法解释动词的这种非常规论元实现现象。但是，题元栅中的题元特征丛可以作为参考，判断评价性V-起来句允准哪些动词进入句式，并且允许其非核心论元占据句法主语位置的动词。在检索与本研究相关的语料中，我们发现能够允许非核心论元占位的动词一定是及物性的，而且是单音节的高频动作动词（如：吃、骑、洗、住、写等），另外，这些及物性动词的外部论元通常具有[+c+m]特征，说明动词的外部论元只能是施事性的。当外部论元具有[-c+m]特征（相当于经事）或者[+m]特征（相当于感事）时，动词不允许它们的非核心论元出现在句法主语位置。简言之，在不及物式评价性V-起来句中，只有施事性的、单音节的、动作性的及物性动词允准其非核心论元占据句法主语的位置（如13c中的动词"跑"）。

当非核心论元出现在句法主语的位置时，动词的基础题元栅信息仅作为背景存在，也就是说基础题元栅的信息隐含了。根据常见的非核心论元，其语义特征比较简单，我们认为特征丛[-c]足以说明问题。当动词具有-c值特征时，强调动词事件是非动作性的，或者状态性。因仅有-c值构成的特征丛[-c]一定只描述动词事件的状态，所有与动词事件密切相关的动作特征属性统统不予考虑。这时，动词的题元特征与"起来"的状态义一致，说明动词无须转类操作。当句子中仅有一个具有[-c]特征丛的论元时，决定了它无法进入主语位置，因为无论它与动词有无紧密的关系，都会被放置在句法宾

第三章 不及物式评价性V-起来句的论元实现

语的位置。至于动词宾语的位置是否合适将交由句法系统核查，语义逻辑是否合理还得通过语义推理系统的核查。由此可知，非核心论元实现为句法主、宾语的根本原因是，在句子中能得到语义解释的所有参与者都有可能进入句法操作和语义推理，并最终实现为句法论元。依然以动词"吃"为例，简要描述其非核心论元的句法实现过程：

(20) 词条：吃

例句：食堂吃起来很省事。

大碗吃起来才过瘾。

基础题元栅：吃 ~~([+c+m],[-c-m])~~	（注：及物动词的基础题元栅添加删除线，说明以下论元实现的推导与基础题元栅无关，题元栅中的语义特征属性全部背景化）
事件的其他可能参与者：吃（[-c]）	（注：特征丛[-c]可以用来指除了工具以外的其他旁格角色，比如地点、材料、方式等）
体特征一致性原则：（√）	（注：特征丛[-c]只能描述动词事件的状态，所以它与"起来"状态义兼容，符合体特征一致性原则（i），所以动词无须转类操作）
派生题元栅：—	（注：派生题元栅是指由基础题元栅推导形成的题元栅，既然在本例推导中，基础题元栅只是背景信息，所以无须派生题元栅）

词汇操作：—　　　　　（注：没有词汇标记的题元特征丛无
　　　　　　　　　　　　法进行词汇操作）

合并指导：—　　　　　（注：无法进行词汇操作的题元特征
　　　　　　　　　　　　丛无须题元合并指导）

输出：吃 [–c]
　　　吃（起来）食堂/大碗 [–c] 很省事/才过瘾

句法核查：吃（起来）食堂/大碗 [–c] 很省事/才过瘾。
　　　　　食堂/大碗 [–c] 吃（起来）很省事/才过瘾。
　　　　　食堂/大碗 i 吃（起来）ti 很省事/才过瘾。

（注：为了满足句法的 EPP 原则，句法操作使得句子中唯一
　的非核心论元占据了句法主语论元的位置）

语义核查：虽然非核心论元不受动词语义选择的限制，但是
　　　　　它存在的合理性必须由百科知识的语义推理解
　　　　　释，只有与"吃"语义相容的非核心论元才能
　　　　　被接受。本例中"食堂"是"吃"可能的地点，
　　　　　"大碗"是"吃"可能的方式，语义适配，所以
　　　　　可以作为非核心论元获得句法实现。

　　本节以动词"吃"为例，讨论了单音节及物性动作动词在不及物性评价性V–起来句中可能的三种构建方式以及论元实现的特点。第一种可能性是，由及物性—非作格性交替构建的不及物式V–起来句，动词的基础题元栅信息通过去宾语化约减操作，截取完整动词事件中的一部分，仅描述动词事件开启后的状态。减元操作后保留的 [+c+m] 题元特征丛与动词外部论元合并，之后通过句法核查和语义核查，语义编码的外部论元实现为句法主语。动词在句法表征上构成不及物动词句，在语义表征上由及物性动词转变为非作格性动词。第二种可能性是，由及物性—非宾格性交替构建的不及物式V–起来句，动词的基础题元栅

信息通过去主语化约减操作，截取完整事件中描述变化结果的部分。减元操作后保留的题元特征丛[-c-m]与动词内部论元合并，经过句法 EPP 核查和宾语移位提升操作，动词的内部论元实现为句子的主语论元。动词在句法上表现为不及物动词，在语义上是非宾格性的。及物性—非作格性交替和及物性—非宾格性交替成为可能的理据是它们在事件转换模型中反映出来的内部关联性。不同的词汇操作手段和句法核查操作，以及语义推理核查，将分属不同类别的动词统一在不及物动词的表征之下。本组动词构句的第三种可能性只关涉施事性、及物性、动作性动词的非核心论元句法实现。在事件概念的框架内，事件有可能的参与者都可以被题元特征编码和描述，当动词的基本题元栅信息作为背景隐含时，非核心题元特征丛[-c]与动词宾语论元合并，进入句法运算系统中。句法系统的核查、移动操作和语义核查，共同作用于非核心论元，使得它占据了句法主语的位置。

三 动词"咳嗽、奔跑、高兴"的论元实现

本节讨论进入不及物式评价性V-起来句的双音节非作格性动词的论元实现情况。这组包括两个非作格性动作动词"奔跑""咳嗽"和一个非作格性感受动词"高兴"。作为非作格性动作动词，它们没有描述完整的"奔跑"事件和"咳嗽"事件，只是关注了动词事件的起始和延续状态。这样，动词的体特征与"起来"的状态义一致，符合体特征一致性原则。因为动词是非作格性的，所以它的基础题元栅只提供一个题元特征丛[-c+m]，-c值一方面表示无致使因，所以动词的具有自主启动动作的特征；另一方面表示无变化性，所以动词不涉及完整的动词事件过程。+m值则表示动词受到生命性的或者心理状态的影响。所以，[-c+m]可以解释为非典型施事，它适用于非作格性动词。根据动词的基础题元栅信息，动词的唯一论元与题元特征丛[-c+m]合并，并实现为句子的主语。非作格性双音节动词"奔跑"和"咳嗽"构成的句子在语义上保持非及物性，在句法上

表征为不及物动词句。具体的论元实现过程如下所示:

(21) 词条：奔跑
　　　　　 咳嗽

例句：a. 在这样软的场地上打球，队员们奔跑起来比较费劲。
　　　 b. 他咳嗽起来没完没了，我都替他难受。

基础题元栅：奔跑（[-c+m]）
　　　　　　咳嗽（[-c+m]）

体特征一致性原则：(√)　　（注：非作格性动词描写动词事件的状态，不表示完整的事件过程，动词的体特征与"起来"的状态义一致，符合体特征一致性原则(i)，动词无须转类操作）

词汇标记：—　　（注：词汇标记规则使用的前提是n元动词，且n>1，所以本例中动词的题元栅不能进行词汇标记）

词汇操作：—　　（注：没有词汇标记的题元特征丛无法进行词汇操作）

合并指导：—　　（注：无法进行词汇操作的题元特征丛无须题元合并指导）

输出：[-c+m] 奔跑
　　　[-c+m] 咳嗽
　　　……队员们[-c+m]奔跑（起来）比较费劲。
　　　他[-c+m]咳嗽（起来）没完没了……

句法核查：从题元系统输出的论元结构符合句法规范，不需要任何句法操作的修正，句子可直接生成。

第三章 不及物式评价性V-起来句的论元实现

对于非作格性感受动词"高兴"而言,它的基本题元栅只包含一个题元特征丛[+m],说明只有生命属性或者心理状态因素与动词事件直接相关,动词事件是描写状态的。另外,"高兴"是形容词兼作动词,形容词本来就是描写状态属性的,所以动词"高兴"的体特征与"起来"的状态义完全一致,动词无须转类操作。动词的唯一论元与[+m]特征丛合并,只能实现为句子的主语论元,构成不及物动词句。动词的论元实现过程可以通过以下步骤描述:

(22) 词条:高兴
  例句:他高兴起来手舞足蹈。
  基础题元栅:高兴([+m])
  体特征一致性原则:(√) (注:动词"高兴"描写动词事件的状态,不表示完整的事件过程,动词的体特征与"起来"的状态义一致,符合体特征一致性原则(i),动词无须转类操作)
  词汇标记:— (注:词汇标记规则使用的前提是n元动词,且n>1,所以本例动词题元栅不能进行词汇标记)
  词汇操作:— (注:未能词汇标记的题元特征丛无法进行词汇操作)
  合并指导:— (注:没有词汇操作的题元特征丛无须题元合并指导)
  输出:[+m]高兴
    他[+m]高兴(起来)手舞足蹈。
  句法核查:题元系统输出的是常规感事非作格动词句,动词的论元结构符合句法规则的要求，无须句法特别的核查和修正。

以上三个非作格性动词"奔跑、咳嗽、高兴"都从动词的基础题元栅生成论元结构。题元系统操作只核查了 V 与"起来"的体特征一致性。基础题元栅生成的论元结构符合句法常规，所以题元系统输出的论元结构可以直接生成句子。这类动词的论元实现是正常句式按照常规从题元系统和句法运算系统生成的，动词的句法—语义关系匹配无特异性。

四 动词"解决"的论元实现

可以进入不及物式评价性V-起来句的双音节及物性动作动词虽然数量很多，但是它们的动词特征非常一致，动词的基础题元栅信息都包括双题元特征丛（[+c+m]，[-c-m]）。根据前文的分析，我们已知 [+c+m] 通常被解释为施事，当这个题元特征丛出现时，理论上动词事件应该是完整的启动变化事件过程，或者致使结果事件过程，而且动作的发出者能够决定、控制、支配动作行为。[-c-m] 通常与客体或者受事关联，它是动词事件中动作行为的接受者、受影响者或者针对者。在没有其他阻力的情况下，及物性动作动词基础题元栅中的题元特征丛 [+c+m] 与动词的外部论元合并，占据句法主语的位置；题元特征丛 [-c-m] 与动词的内部论元合并，占据句法宾语的位置。但是，当及物性动作动词进入不及物式评价性V-起来句，动词的及物性特征必须被调整，因为动词的及物性特征与"起来"的状态义不一致，"起来"强制动词通过转类操作改变动词事件的体特征。鉴于此，词汇操作需要介入并修改动词基本题元栅，派生出新的题元栅。根据题元系统理论，具有+c值的二元动词题元特征丛适用于约减操作，通过去主语化约减操作，派生新的一元题元栅。依据合并指导原则，动词的内部论元与保留的题元特征丛 [-c-m]

第三章 不及物式评价性V-起来句的论元实现

合并，完成题元系统相关论元实现的信息输出。题元系统的输出要通过句法系统的核查，根据句法规则和原则，符合规范的句子才能构建完成。所以，及物性动作动词在不及物式V-起来句中的论元实现过程推导出的结果是实现为不及物动词句。具体推导步骤如（23）所示：

(23) 词条：解决

例句：经济领域内一些深层次的矛盾解决起来相当困难。

基础题元栅：解决（[+c+m][-c-m]）

体特征一致性原则：（×） （注：及物性动词的基础题元栅语义信息与"起来"的状态义不一致，根据体特征一致性原则（ii），动词需要转类操作才能满足"起来"的体特征要求）

词汇标记：解决 （注：及物性动词的论元数目大
（[+c+m]$_1$ 于1，适用于词汇标记规
[-c-m]$_2$） 则，具有[+]值的题元标记为1，具有[-]值的题元标记为2）

词汇操作： （注：去主语化约减操作适用于标
Reduction→expletivization 记为1且具有+c值的二元或
解决（[+c+m]$_1$ 多元动词，本例中动词的减
[-c-m]$_2$） 元操作正是去主语化操作）

派生题元栅：解决 （注：约减操作后的题元栅是派生
（[-c-m]$_2$） 题元栅，动词的论元实现要基于派生题元栅）

合并指导：　　　　　　　　　（注：根据合并指导原则，标记为 2
$[-c-m]_2 \rightarrow$　　　　　　　的题元特征丛与动词的内部
internal argument　　　　　　论元合并）

输出：解决 $[-c-m]$
　　　解决（起来）经济领域内一些深层次的矛盾 $[-c-m]$
　　　相当困难

句法核查：解决（起来）经济领域内一些深层次的矛盾
　　　　　$[-c-m]$ 相当困难。
　　　　　经济领域内一些深层次的矛盾 $[-c-m]$ 解
　　　　　决（起来）相当困难。
　　　　　经济领域内一些深层次的矛盾ᵢ解决（起来）t_i
　　　　　相当困难。

（注：题元系统输出的句子不符合 EPP 原则，句子中唯一
的论元被移动、提升并实现为句法主语）

在不及物式评价性 V-起来句中，双音节及物性动作动词组内部特征一致，只有及物性—不及物性一种变化。词汇操作保留了题元特征 $[-c-m]$，所以它只能与动词内部论元合并，句法核查提升了内部论元，使得它获得了主语句法位置。词汇操作约减了 $[+c+m]$ 特征丛，相当于去施事性，所以动词事件只保留了结果状态，及物性动词呈现出作格性特征。

五　动词"恢复"的论元实现

就进入不及物式评价性 V-起来句中的双音节动词而言，蕴含渐增变化的动词的句法表征方式与及物性动作动词的句法表征方式非常类似。我们认为，非常有必要对这两类动词做出区分。首先，蕴含渐增变化的动词常常以作格性动词的表征方式构句，这是去致使化的结

第三章 不及物式评价性V-起来句的论元实现 ◀◀◀ 149

果；而及物性动作动词的不及物表征是去施事化的结果。其次，蕴含渐增变化的动词在评价性V-起来句中，只有不及物式的表达方式，而及物性动作动词既可以进入不及物式评价性V-起来句中，也可以进入及物式评价性V-起来句。最后，作格性动词蕴含渐增变化，而及物性动作动词没有这个语义特征。根据事件转换模型展示的动词内部关联性，作格性动词是在致使性动词的基础上变化而来的，而致使性动词是及物性动词的子类，所以作格性动词与及物性动词之间也有继承关系，这就是为什么这两组动词比较类似的原因。就作格性动词的论元实现过程而言，我们必须从它的基类致使性动词的基本题元栅开始推导。致使性动词的基本题元栅信息包含两个题元特征丛，即（[+c]，[-c-m]）。特征丛[-c-m]是及物性动词的固定题元，通常解释为客体或受事；特征丛[+c]强调动词事件的致使因（无论是外部客观致使因，还是自发主观致使因，都可以用特征丛[+c]表示），而及物性动词的特征丛[+c+m]强调动词事件是有目的、有意愿施事的，二者的区别仅体现在+m值上。与及物性动作动词一样，如果根据动词的基本题元栅，题元特征丛应该与两个论元合并，但是不及物式评价性V-起来句阻止了一个论元的合并，无语义特征的论元无法获得句法实现。句式阻止的原因在于致使性动词的题元特征表现出的体特征与"起来"的状态义不一致，"起来"强制要求动词进行转类操作，满足状态义的需求。所以，动词的基本题元栅被修改。根据词汇操作的要求，当基本题元栅中标记为1的特征丛包含+c值，它就可以适用于约减操作，约减操作取消了特征丛[+c]，派生题元栅只保留了特征丛[-c-m]，根据词汇标记规则和合并指导原则，它只能与动词的内部论元合并。经过句法系统的核查和调控，内部论元最终实现为句法主语：

(24) 词条：恢复

例句：遭到破坏的生态系统恢复起来相当困难。

基础题元栅：恢复（[+c][-c-m]）

体特征一致性原则：（×） （注：致使性动词表达致使-结果的完整事件，动词的体特征与"起来"的状态义不一致，"起来"强制动词转类操作，以便满足句式的状态义）

词汇标记：恢复（[+c]₁ [-c-m]₂） （注：表达致使事件的动词论元数大于1，根据词汇标记规则，具有[+]值的题元特征丛标记我1，具有[-]值的题元特征丛标记为2）

词汇操作：Reduction → expletivization

恢复（~~[+c]₁~~ [-c-m]₂） （注：当二元动词标记为1的特征丛包含+c特征值时，适用于去主语化的约减操作，词汇操作修改动词的基础题元栅并派生新的一元题元栅）

派生题元栅：恢复（[-c-m]₂）

合并指导：[-c-m]₂→ internal argument （注：根据合并指导原则，标记为2的题元特征丛与动词的内部论元合并）

输出：恢复[-c-m]

恢复（起来）遭到破坏的生态系统[-c-m]相当困难。

第三章　不及物式评价性V-起来句的论元实现　◀◀◀　151

　　句法核查：恢复（起来）遭到破坏的生态系统［-c-m］
　　相当困难。
　　遭到破坏的生态系统［-c-m］恢复（起来）
　　相当困难。
　　遭到破坏的生态系统ᵢ恢复（起来）tᵢ相当困难。
（注：题元系统输出的论元结构需要通过EPP原则核查，句子中唯一的论元被移动、提升并实现为句法主语）

需要说明的是，在评价性V-起来句中，作格性动词通过约减操作成就不及物式，但是它不能反向操作，因为评价V-起来句式只允许这类蕴含渐增性的动词以不及物式表征句法。但是，及物性动作动词的不及物用法，可以通过扩展操作的方式恢复其及物性用法，因为评价性V-起来句允许及物性动作动词有不及物式和及物式两种表达方式。它的及物式表达方式在其后的章节进行专门讨论。

六　不及物式V-起来句论元实现的特点

在不及物式评价性V-起来句子，单音节动词的论元实现呈现出以下特点。

（1）在单音节非作格性动词中，动词的论元实现有两种表现：表现一，非作格性动词依据基本题元栅，构建不及物式V-起来句。在语义上动词是非作格性的，在句法上动词是不及物动词。动词论元与题元栅中的单题元特征丛合并，依据句法规则实现为句法主语；表现二，非作格性动词的题元栅进行了施事化扩展操作，在语义上非作格性动词转变为及物性动词。因为空语类的存在，及物性动词的双题元特征丛未能有效合并，动词内部论元通过移位提升的句法操作获得了句法论元的位置。虽然在句法表征上它们同形同构，但是在语义上它或者是纯非作格性动词，动词的外部论元实现为主语论元；或者在语义上它是非作格性—及物性交替动词，动词的内部论元实现为主语论元。两类动词的论元实现途径完全不同，非作格性动词依据基础题元栅推导论元实现的过程，非作格性—及物性交替动词依据派生题元栅推导论元实现的过程。

（2）在单音节及物性动作动词中，动词的论元实现有三种情况：情况一，由及物性—非作格性交替动词构建句式，动词的基础题元栅经历了去宾语化约减操作，动词由及物性动词转变为非作格性动词。依据派生题元栅，动词的外部论元合并题元特征丛并占据句法主语的位置；情况二，由及物性—非宾格性交替动词构建句式，动词的基础题元栅经历了去主语化约减操作，动词由及物性动词转变为非宾格性动词。依据派生题元栅，动词的内部论元合并题元特征丛，并实现为句法主语；情况三，非核心论元的主语占位仅与施事性、单音节、动作类动词有关。非核心论元实现为句法主语不是动词题元栅操作的结果，而是句法操作和语义核查的结果。在以上三种情况中，依据动词事件转换模型所阐释的动词间的内部关联关系，动词可以进行转类，实现了动词交替的可能性，保证了动词论元实现的变化性和灵活性。通过不同的操作手段，不同类动词所表达的不同句法—语义关系被统一在了相同的句法表征中。

在不及物式评价性V-起来句中，双音节动词的论元实现呈现以下特点。

（1）非作格性动作动词和感受动词直接基于动词的基本题元栅信息构建不及物式V-起来句，无须特别的词汇操作或者句法操作，它们无论在语义上还是句法上都是不及物性动词。

（2）及物性动作动词虽然数量较多，但是动词的语义特征非常一致。动词的基础题元栅经历去主语化约减操作后，及物性动词呈现出非宾格性特征。派生题元栅保留的题元特征丛与动词的内部论元合并，并实现为句法主语。与单音节及物性动作动词的多样性表征不同，双音节及物动词在不及物式V-起来句子中的表现稳定而且单一。

（3）蕴含渐增变化的作格性动词虽然数量不多，但是，因为它与致使性动词的内在相关性使得它在论元实现的推导上类似及物性动作动词。蕴含渐增变化的动词在不及物式V-起来句中只能通过去致使化操作转类为作格性动词，形成致使性-作格性交替。但是，作格性动词构建的不及物式V-起来句没有反向的致使性交替表征，也不允许反向致使性交替，因为出现在评价性V-起来句中的这组动词蕴含渐增变化，渐增客体具有原型受事的特点，所以它在评价性V-起来句中的句法表征总是不及物式的。

小　结

不及物式评价性V-起来句的突出特点是"同形异质"。所谓"同形"，指不管动词的语义特征如何，无论动词与唯一的句法论元有怎样的句法—语义关系，所有的特征都被包容在不及物动词的句法表征之下。言下之意，从句法特征看，进入这一句式的所有动词都是不及物动词，统一表现为无动词宾语。所谓"异质"，指能进入这一句式的动词表现出不同的语义特征，有的是非作格性动词，有的是及物性动词，还有的是作格性动词，这些动词在同一句式中的句法构建过程完全不同。有的动词语义特征相对简单，根据基本题元栅信息就可以推导论元实现的过程；有的动词语义特征具有变化性，需要通过词汇操作手段修改基本题元栅信息，基于派生题元栅推导论元实现的过程；有的动词构建能力较强，可以允许非核心论元进入评价性V-起来句中。根据具体研究问题，我们要解决的首要问题是如何构将"异质"的动词统一在"同形"中。实际上，"异质"性是动词在句法中最突出的特点，一词多义就是"异质"的表现形式，动词交替也是"异质"的体现。正是因为"异质"，动词的句法—语义关系才多变复杂，论元实现才具有可探讨性。将"异质"的动词统一起来，重要前提是要明确异质的动词之间有怎样的内在关联性。动词的语义特征属性是由动词词汇语义和动词事件语义共同构建的，词汇语义具有相对的稳定性，事件语义具有一定的变化性。动词的及物性、非作格性、作格性都是基于事件语义划分的动词类别，表达的是语义关系。根据动词事件转换模型，及物性是最基本的动词语义关系，非作格性动词与及物性动词之间具有内在的聚合关系，体现动词事件部分与整体的关系；作格性动词与及物性动词之间构成内在的继承关系，体现着子类和基类之间的关系。动词在句法中的调整变化都可通过动词间的内在关系获得说明。将"异质"的动词统一起来，需要借助具体的操作手段。特征丛题元编码方式在动词词汇语义限定的范围内赋予动词论元结构变化的自由，词汇操作结合事件语义的特征对基础题元栅进行调变并给予了动词论元结构变化的技术保障。正因如此，我们可以通过事件转换模型，明确动词间的内在关系，保障动词的可变性；我们可以借助题元编码和具体词汇操作方法解释可变性动词带来的论元实现的灵活性问题。由此，异质的动词通过不同的词汇操作手段被统一在不及物式评价性V-起来句的句法表征中。

在本章动词论元实现的推导分析中，题元栅信息和所有的词汇操作都是基于V本身的，并没有涉及"起来"，但是，"起来"在论元实现推导中起着非常重要的作用。"起来"在评价性V-起来句中表达的是作为趋向补语的状态义，表示动作在时间上的延展和继续。所以，"起来"的状态义使它成为体特征语法助词。"起来"的状态义影响了谓核V的事件意义，它对V的事件意义的调变能够引起动词的转类，最终影响动词论元的实现。因此，本研究将V-起来结构中的"起来"视为体特征语素，当V表达状态性事件时，V与"起来"体特征一致，不会出现"起来"对V的调变，V会依据它的基础题元栅生成论元结构。当动词V表达完整的动作事件时，V与"起来"的体特征不一致，"起来"会对V进行调变，强迫V进行转类操作以满足V与"起来"在体特征上保持一致。所以，"起来"对体特征的一致性要求是动词转类的真正动因，我们称"起来"是强制性体特征语素。鉴于此，本研究提出了体特征一致性原则（Uniformity of Aktionsart），它既是评价性V–起来句V的允准条件，也是动词转类的充要条件。在论元实现过程的分析中，体特征一致性原则评估动词V的基本题元栅是否需要调变，决定动词是否需要转类操作。

在下一章，我们继续讨论评价性V–起来句的论元实现问题，主要关注另一组不及物式V–起来句，它的基本格式是"V–起来，N+AP"。由于V–起来的在句内位置的灵活移动性带来了谓词确定的难题，进而也带来论元实现的新问题。

第四章　感觉类动词评价性V-起来句的论元实现

本章将讨论不及物式评价性V-起来句的第二种格式。这种格式的评价性V-起来句关涉的动词非常有限，主要集中在几个感觉类动词中；这种格式最鲜明的句法特征是V-起来的位置具有一定的灵活性。V-起来可以放在句中，与其他组构成分构成"N+V-起来+AP"格式；V-起来也可以放在句首，与句子隔开，呈现插入语特征，句子表征为"V-起来，N+AP"格式。在汉语评价性V-起来句中，其他格式的V-起来都不具有这样的灵活性。从句法的角度看，第一种格式中N与V-起来的关系还可以通过论元实现来解释；第二种格式中，V-起来移出并与句子主体隔离，分裂了V与N的紧密关系，那么N是否可以依然被解读为V-起来的论元。本章将通过对感觉类V-起来句论元实现的推导，就以上问题做出合理解释。

第一节　语料事实

根据语料检索，既满足"N+V-起来+AP"格式和"V起来，N+AP"格式，又满足V是感觉类动词的语料信息共有209条，涉及8个动词，这些动词在语料贡献上差异非常大，具体数据见表4-1。

第四章　感觉类动词评价性V-起来句的论元实现

表4-1　　　　不及物式评价性V-起来句中的感觉类动词

动词	听	看	闻	摸	嚼	品	咬	尝	总计
词次	108	84	9	2	2	2	1	1	209

虽然出现在表4-1中的动词有8个，但是几乎所有的语料都是动词"听"和"看"提供的。这说明，动词"听"和"看"是这组不及物式评价性V-起来句的主要构句动词。本章的论元实现问题讨论主要围绕这两个动词展开。句法分析的前提是确定动词的类别。总的来说这组动词有鲜明的及物性动词的句法语义特征。确切地说"听、看、闻、尝、摸、品"是标准的感官动词，这类动词事件必须有动作的感受者和感受的对象两个事件参与者，所以它们具有及物性动词的特征。而"咬、嚼"应该算作与感觉器官密切相关的动作动词，由它们构成的动词事件必须有动作的主动意愿发出者和动作的针对者两个参与者，所以动词也是及物性的。同样依据题元系统的编码方式，对这组及物性动词进行编码，编码结果见表4-2。

表4-2　　　　　　　　感觉类动词的编码

类	句法特征	语义编码	词例
一	transitive verb	V（[+m],[-c-m]）	听、看、闻、尝、摸、品
二	transitive verb	V（[+c+m],[-c-m]）	咬、嚼

表4-2中的第二类动词只能算作类感觉动词，由于它们的基础题元栅的语义信息与第三章节单音节及物性动词的语义特征一样，所以在本章中不再对它们的论元实现推导进行赘述。鉴于此，本章只详细讨论表4-1中以"听""看"为代表的真正的感觉类动词。感觉类动词的语义特征是V（[+m],[-c-m]）。特征丛[+m]只有一个特征值+m，说明动词事件只与心理状态因素或者生命性特征相关。它不像[+c+m]题元特征丛那样，因为特征值+c，动词事件要牵涉

动词事件的启动者和致使者；也不像［－c＋m］题元特征丛那样，因为特征值－c，动词事件与受影响的、受控制的心理因素或生命性关联。所以，［＋m］特征丛只关涉感觉类动词，如语料呈现的动词"听、看、尝、摸、品、闻"等，与它们关联的动词论元可以解释为感事。及物性动词至少具有两个题元特征丛，与本组动词相关的另一个特征丛是［－c－m］，通常被解释为客体，它是动词事件感知的对象。这样，根据动词基础题元栅的语义信息，动词的感事题元特征合并句子的主语论元，客体题元特征合并句子的宾语论元，句子呈现及物动词构句的特征。但是，我们发现，进入N＋V－起来＋AP格式的感觉类及物性单音节动词才能表达评价性意义，及物性动词必须以不及物动词形式构句，而且动词题元栅中具有［＋m］特征丛的题元不能获得句法实现，例如：

(1) a. 谢老师晋南口音的普通话听起来极有魅力。
　　b. 这个名字听起来既响亮又大方，且寓意明确。
　　c. 目标管理看起来简单，但要有效地付诸实施，尚需各级主管人员的团结协作。
　　d. 程序执行的控制流程看起来比较直观易懂。
　　e. 好酱油尝起来味道鲜美，劣质酱油尝起来有些苦涩。
　　f. 烤过的蝉咬起来非常松脆，但味道算不上十分特别，有点儿像煮过火的豆子。
　　g. 这种干酱豆嚼起来有滋有味，而且很耐吃。
　　h. 这种古法炮制的茉莉花茶品起来沁人肺腑，余味悠长。
　　i. 你的头发摸起来十分光滑柔软。

那么对于这类动词的论元实现，不但要关注及物性动词通过怎样的具体操作变成了不及物动词，更要找到具有特征丛［＋m］的题元无法合并论元的原因。

另外，在整理语料的过程中，我们还发现了以下例句：

(2) a. 春日的花园看起来姹紫嫣红，一派繁荣景象。
　　b. 她看起来忧郁伤心。
　　c. 这个想法听起来很不错。
　　d. 这种观点听起来的确有些匪夷所思。

在例（2）中，虽然"花园、她"都是动词"看"的对象，具有客体语义特征，但是，无论"看与不看"，"花园"和"姹紫嫣红"的语义关联、"她"与"忧郁伤心"的语义指向都不会受到影响。复合动词"看起来"可以从句中移出，作为插入语放置句首；也可以从句子省略。无论怎样处理，都不会改变句子的基本意义。"听起来"的情况亦是如此，"这个想法"和"这种观点"的特征属性不会因为"听或不听"产生任何变化，"听起来"同样可以移出或者省略。这样看来，由动词"看"和"听"构成的不及物式评价性V－起来句有比较特殊的用法，这可能涉及句子谓词的变化。

语料显示，在感觉动词（尤其是"听"和"看"）构成的"N＋V－起来＋AP"句式中，V－起来的位置似乎不是非常固定。对有的句子而言，V－起来似乎可以随意从句中原位置移至句首，甚至移出句子结构，例如：

(3) a. 田里的小麦看起来绿油油的。
　　b. 白马非马这个问题看起来很简单，实际上它涉及哲学上个别和一般的关系问题。
　　c. 这首歌听起来很美。
　　d. 这样的结论听起来一语双关。
(4) a. 看起来，田里的小麦绿油油的。
　　b. 看起来，白马非马这个问题很简单，实际上它涉及哲学

　　　　c. 听起来，这首歌很美。

　　　　d. 听起来，这样的结论一语双关。

（5）a. 田里的小麦绿油油的。

　　　b. 白马非马这个问题很简单，实际上它涉及哲学上个别和一般的关系问题。

　　　c. 这首歌很美。

　　　d. 这样的结论一语双关。

　　在例（3）各句中，虽然"田里的小麦""白马非马这个问题"都是动词"看"的对象，具有客体语义特征。但是，不论"看与不看"，"小麦"和"绿油油的"的语义关联，"简单"对"白马非马这个问题"的语义指向都不会受到影响。而且，复合动词"看起来"可以从句中移出，作为插入语放置句首（见4a，4b）；也可以从句子省略（5a，5b）。无论怎样处理，都不会改变句子的基本意义①。"听起来"的情况亦是如此，"这首歌"和"这样的结论"的特征属性不会因为"听或不听"而产生任何变化，"听起来"同样可以移出或者省略。V-起来的移出和省略虽然不影响句式语义，但是却改变了句法形态。尤其是，当N与AP直接关联时，带来了这个句式所特有的谓词判断问题以及与之相关的论元实现问题。

第二节　谓词问题

　　在由感觉类及物动词构成的评价性V-起来句中，当V-起来在句中原位置时，句子的形态与不及物式V-起来句无异；当V-起来从句

---

① 当V-起来从句中脱落时，虽然句子的基本意义没有改变，但是V-起来所表达的具有主观看法和推测的评价性意义却消失了，这样的句子便不再是评价性V-起来句了。因此，在本研究中，我们不讨论V-起来脱落的情况。

中移至句首，以插入语的方式存在时，句子的形态随之发生了变化。这样就导致了明显的谓词判断问题，即句子的谓词究竟是V-起来还是AP。谓词的不同进而会带来谓词论元句法实现的不同。本节将就有关谓词争执的问题，逐一做出说明。

一　动词谓语句

所有语料库提供的语料和已有文献提供的例示都显示，"看起来"和"听起来"可以作为句首插入语，V-起来在"N+V-起来+AP"句式中的移动带来了句式构形的变化。至于"看起来""听起来"可以省略的判断更多源于语言直觉，而且V-起来省略后，句式也不再是评价性V-起来句，不再是本章所关注的研究对象。语料信息显示感觉类动词的"N+V-起来+AP"格式和"V-起来，N+AP"格式之间存在一定的交替现象。这说明，在以感觉动词构建的评价性V-起来句中，V-起来的位置相对比较灵活。造成V-起来可移位的直接原因是它与AP之间的语义关系比较松散，AP的语义指向是N。所以，可以通过V-起来的移位方式，在句法上显现N与VP之间紧密的语义关系。但是，无论V-起来怎样移位，它与N之间的语义关系都不会改变。V依然是感觉动词，N还是被V感知的对象。通过V-起来的方式，N所具有的属性特征AP得以显现。那么，"看"和"听"作为及物性感觉动词，它们的基础题元栅包括两个题元特征丛[+m]和[-c-m]，[+m]常常被解释为感事角色，表示动词的语义具有生命属性和感知性的特征；[-c-m]通常被解释为客体，表示动词语义涉及被感知的对象。因为N所具有的属性特征AP是相对稳定或者恒定的，所以"看"和"听"的题元特征[+m]可以与任指性关联，表示任何人"看"或者任何人"听"，都会发现N有AP这样的属性特征。这样，在N的论元实现过程中，动词的基础题元栅经历了饱和操作，题元特征丛[+m]被任指化操作处理为空特征丛[ ]。空特征丛[ ]只有语义信息，没有句法表征。结果是只有[-c-m]

与动词论元合并,最终实现为句法主语。所以在"看起来"和"听起来"的这类句子中,主语的语义特征总是客体,它们是"看"和"听"的对象。动词论元 N 的句法实现可以通过以下具体操作步骤完成:

(6) 词条:看

例句:她的气色看起来非常好。

基础题元栅:看([+m],[-c-m])

体特征一致性原则:　　(注:动词"看"的题元栅虽然包括
(√)　　　　　　　　　　两个题元,但是题元特征
　　　　　　　　　　　　[+m]不具有施事性,所以
　　　　　　　　　　　　"看"事件是描写状态的,这
　　　　　　　　　　　　与"起来"的状态义一致且兼
　　　　　　　　　　　　容,所以动词不需要语类转换
　　　　　　　　　　　　操作)

词汇标记:看　　　　　(注:依据词汇标记规则,对二
([+m]$_1$,[-c-m]$_2$)　　元或多元动词而言,在它
　　　　　　　　　　　　们的题元特征丛中,[-]
　　　　　　　　　　　　值标记为2,[+]标记为
　　　　　　　　　　　　1)

词汇操作:　　　　　　(注:任意化饱和操作后,题元
Saturation→arbitrarization　特征丛[+m]被处理为
看([ ],[-c-m]$_2$)　　空特征丛[ ]。空特征丛
　　　　　　　　　　　　只有语义信息,无句法实
　　　　　　　　　　　　现)

第四章　感觉类动词评价性V-起来句的论元实现

派生题元栅：看（［ ］,
　　　　　　［-c-m］$_2$）

合并指导：　　　　　　（注：根据合并指导原则，标记
［-c-m］$_2$→　　　　　为1的题元特征丛与动词的外部
internal argument　　　论元合并，标记为2的题元特征
　　　　　　　　　　　丛与动词的内部论元合并）

输出：看［-c-m］
　　　看（起来）她的气色［-c-m］非常好。
句法核查：看（起来）她的气色［-c-m］非常好。
　　　　　她的气色［-c-m］看（起来）非常好。
　　　　　她的气色$_i$看（起来）t_i非常好。
（注：因为要满足EPP原则，句法操作移动和提升与［-c-m］
　　　特征丛合并的动词内部论元，动词的内部论元实现为
　　　句法主语）

　　由以上推导可知，不论N与AP的语义关系如何，N与V-起来的语义关系不会改变，N仍然是V的论元；不论V-起来如何移动，N作为句法主语的事实也不会改变。所以，句子依然是以V为谓核的动词谓语句。这样说来，V-起来的移动只是一种特殊的句法处理方式，目的在于明确AP对N的语义指向。所以，根本没有必要将"看"和"听"从不及物式V-起来句的单音节及物性动词中单列出来，而且对于本节语料信息提供的例句也没有必要做特殊处理。"看"和"听"在汉语评价性V-起来句式中，是及物性动词用作不及物动词的范例之一。"看起来""听起来"经历了题元栅的饱和操作，关闭了基础题元栅中题元［+m］的论元合并，使得句式变成了一元动词句。N是动词的客体论元，N与"看起来""听起来"构建了不及物式V-起来句。

但是，以上观点在学界并未达成共识。王和玉、温宾利（2015）指出，如果V-起来作为谓语，V-起来和AP就构成了动补结构；如果V-起来是插入语，N和AP就构成了主谓结构。V-起来的移动与否，完全改变了句式结构，不同的句式结构怎么会有相同的语义关系解释。曹宏（2004）也指出，根据句式层级划分的标准，当V-起来是谓语动词的时候，V-起来+AP动补结构是一个层级，N+（V-起来+AP）构成的主谓结构是第二个层级，这样V-起来必须与AP有密切的语义关系。如果将句子划分成（N+V-起来）+AP层级，句子不符合语法规范。但是，如果划分为V-起来+（N+AP），句子的结构和语义关系都符合规范。我们认为曹文的这种观点太过笼统，因为句子层级的划分需要考虑到动词的类别，不同的类别的动词在特定划分中才是符合语法规范。所以，我们以"读"和"看"为例，讨论在单音节动词组中，一般的及物性行为动词和及物性感觉动词的区别：

(7) a.《昆虫记十卷》读起来饶有兴趣。
　　b. 这样的结论看起来自然合理。

在（7a）中，当V-起来作谓词时，句子可以划分为N+（V-起来+AP），AP的语义指向V-起来事件而不是N，是"读起来饶有兴趣"，而不是"《昆虫记十卷》饶有兴趣"。如果划分成V-起来+（N+AP），"读起来"可以理解为方式状语，但是"《昆虫记十卷》饶有兴趣"不可接受，因为AP"饶有兴趣"不是N"《昆虫记十卷》"的属性特征，而且"兴趣"不是用来描述事物的。这样看来，对于"读"这样的一般及物性行为动词，N+（V-起来+AP）的划分可以接受，V-起来是谓语动词，它和AP构成动补结构，AP指向"读"的事件。但是，在（7b）中，如果依然采用N+（V-起来+AP）的划分方式，"看起来合理自然"说不通，因为AP的语义并不指向"看起来"。而"这样的结论合理自然"更为贴切，AP"合理自然"是"这样的结论"反映出的特征，与"看"关系不大，"看与不看"不会影响"结论"是否"合理自然"。所以，正确的划分应该是 V 起来 +（N+AP），这样 V 起来变成了插入语，句子的主体是 N+AP。

由于 AP 语义指向的问题，给 V-起来作为谓语动词造成了相当大的困扰，而且就动词本身而言，"看起来""听起来"的确与一般的及物性动作动词构成的 V-起来句有区别。鉴于此，在由"看起来"和"听起来"构成的评价性 V-起来句中，AP 用作谓词的观点越来越受到重视。

二 形容词谓语句

汉语的动词和形容词都可以单独作为句子的谓词。由动词作谓词构成的句子称为动词谓语句，由形容词作谓词构成的是形容词谓语句。刘月华等（2004：195）指出："形容词与动词有许多相同的语法特点，因此形容词可以被划为动词一类，也称静态动词"。沈家煊（2015）赞同这个观点，他将动词和形容词的关系解读为"包含"，他认为汉语的实词是一个包含模式，形容就包含在动词内，所以它与动词在语法上有共同点。当动词作谓词的时候，讨论动词与论元的关系时必须依靠动词的分类，否则无法准确描述动词的句法—语义关系。那么，当形容词作谓词时，也必须确定哪类形容词可以作谓词，必须明确它以怎样的形式构成形容词谓语句。

刘月华等（2004）指出，形容词的分类是依据不同的标准划分的。按照形容词能在句子中充任什么成分，它分为一般形容词和非谓形容词。既能作定语又能作谓语的形容词是一般形容词。一般形容词是形容词的主体，它可以作定语、谓语、状语、补语等，而且大多数一般形容词可以受程度副词的修饰，比如"非常漂亮""很可爱""十分靓丽"等。非谓形容词顾名思义，不能作谓语、状语和补语，它只能用来作修饰名词的定语，它有时也被称为区别形容词，如"男、女、西式、中式、高级、中级"等。非谓形容词只能用"非"来否定，不能用"不"表示否定，如"非主流、非主要、非个别"。更重要的是，非谓形容词不能用程度副词"很"修饰，这点也是它与一般形容词的重要区别。按照表达功能，形容词可以分为性质形容词和状态形容词两种。性质形容词表示事物的属性性质，如"大红花、小家庭"等。状态形容词的主要功能是描写性的，表示事物的状态，比如"绿油油、沉甸甸、灰不溜丢、可怜巴巴"等。

通常，一般形容词可以构成形容词谓语句。而性质形容词单独作谓语时，句法上对它有很多限制。首先，它只能用于比较和对照的情况，如"北方干燥，南方湿润"，在没有对比的情况下形容词需要接受程度副词或者否定词"不"的修饰。而状态形容词在进入句子时相对比较自由，基本可以直接使用。其次，性质形容词作谓语表示事物恒久的属性，是静态的；状态形容词作谓语表示暂时的变化，是动态的。因此，描述事物的属性特征时，用性质形容词作谓语；在叙述事件的过程时，只能用状态形容词作谓语。实际上，性质形容词和状态形容之间的界限不是泾渭分明的。朱德熙（1999）就将二者的区分描述为形容词的简单形式和复杂形式的区分。吕叔湘（1980）把状态形容词称为形容词的生动形式，他用重叠的方式将性质形容词改变为状态形容词，这样就可以将状态形容词看作性质形容词的变化形式。所以，张伯江（2011）认为，状态形容词是由性质形容词变化而来的，性质形容词以某种方式被处理为状态形容词，使得它可以自由进入句子充当谓词。如果从这个角度来说，进入句子中的都是有标记的性质形容词，有标记的性质形容词就是状态形容词。这样说来，汉语的形容词谓语句一定是由有标记的性质形容词作谓词的。基于这样的分析，我们返回到语料信息看V-起来，N+AP格式中AP的语法表现，如果它们符合"有标记的性质形容词"这一标准，那么AP就可以成为谓词，并构建形容词谓语句。我们在本组动词有代表性的"看起来"和"听起来"中各选8条语料为相关问题的陈述提供语料支持（见表4-3）。

表 4-3　　　　　　　　　　　AP 的类别

看起来	听起来
1. 看起来，她 那么恬静。	1. 听起来，你非常明智。
2. 看起来，这件大衣不便宜。	2. 听起来，他的话很公道。
3. 看起来，碧绿的草地松软、清凉、诱人。	3. 听起来，这首诗情真意切。
4. 看起来，他糊里糊涂。	4. 听起来，他相当愉悦。
5. 看起来，这个方案 最合理。	5. 听起来，他的发言过甚其词。
6. 看起来，这评论很粗糙。	6. 听起来，这套方法不复杂。
7. 看起来，海奶奶不简单。	7. 听起来，他的语调十分沉静。
8. 看起来，这围墙很古朴。	8. 听起来，你的建议比较好。

在语料信息中，形容词用下划线标记，修饰语用黑体标记。我们可以看到，程度副词是出现频率最高的修饰语，如"很""那么""非常""十分""最""相当""比较"等；其次是否定词"不"；像"松软""清凉""诱人""糊里糊涂""情真意切""过甚其词"这类词，它们体现着性质形容词的其他标记方式。"松软""清凉""诱人"是复合形容词形式；"糊里糊涂"是 ABAB 型的形容词重叠式；"情真意切"是带有句法色彩的主谓结构式形容词；"过甚其词"也具有句法色彩，它是动补结构的形容词。通过以上分析，"V-起来，N+AP"格式中的 AP 无一例外全部都是被标记了性质形容词，性质形容词本身提供了形容词谓词的语义特征，修饰语（如"很、不"等）或者其他标记方式（如：重叠、主谓结构、动补结构等）则提供了形容词谓词的句法特征。基于以上分析，我们认为，在 V-起来，N+AP 格式中，如果 V-起来是插入语，那么 N+AP 可以构成形容词主谓谓语句。

三　讨论

在"看起来"和"听起来"的评价性 V-起来句中，由于 AP 语义指向和 V-起来的可移动现象，造成了句子的谓词是 V-起来还 AP 的争论。通过分析，我们认为，对于"看""听"这样的感觉类动词，

V-起来是否移动不但改变了句子的形态，也改变了句子的语义关系。所以，当V-起来在句中位置时，V与N的关系依旧紧密，表示只有在V起来N的情况下，N的特征属性AP才能表现出来。当V-起来移出句子，作为插入语形式与句子隔开，这说明V与N的关系是松散的，N的特征属性AP在任何时候都是这样。这样看来，本组的论元实现讨论要分为两种情况，一种情况是以"看起来""听起来"为代表的感觉动词在不及物式评价性V-起来句中的论元实现，另一种情况是"看起来""听起来"作为插入语的形容词谓语句的论元实现。

如果明确了AP作为谓词，"看起来"和"听起来"仅仅是插入语成分，那么它们在语义上表达"估计、判断、评价"等意义，换言之，在评价性V-起来句的"V-起来，N+AP"格式中，句式的评价意义不是由AP贡献的，而是由"看起来"和"听起来"贡献的。吕叔湘（1980）指出，当"看起来""算起来""论起来"等作插入语时，它们表示估计。张谊生（2006）把作为插入语的"看起来"解释为泛化谓语现象，它的逻辑主语已经泛化，动词"看"与"起来"已经成为凝固短语，表示一定程度的主观印象。这样说来，N+AP是句子的主体，它们构成汉语的形容词谓语句，作为谓词的AP都是有标记的性质形容词，AP用来描述N的属性特征。需要特别指出的是，虽然在"V-起来，N+AP"格式中，"看起来"和"听起来"被处理为凝固短语，但是，并不意味着评价性V-起来句中所有的"看"和"听"都失去了它们作为及物动词本来的句法语义特征，也不意味着"看起来"和"听起来"都可以在句子中灵活移动或者改变为插入语。区分的关键在于AP，当AP完全指向N，并且表达的是N比较恒定的特征属性时，"看起来"和"听起来"可以作插入语；当AP指向N，但表达的是N暂时表现出的特征属性时，"看起来"和"听起来"不可移出作插入语，如：

第四章 感觉类动词评价性V-起来句的论元实现

(8) a. 这片古老的森林在阳光下看起来生机勃勃。
　　b. 她在睡梦中微笑的样子看起来好年轻、好稚气。
　　c. 这首小调听起来非常伤感。
　　d. 悠远的钟声听起来凄凉不已。

(9) a. 她看起来娴静温柔。→ 看起来，她娴静温柔。
　　b. 这个模型看起来非常合理。→ 看起来，这个模型非常合理。
　　c. 他的话听起来不无道理。→ 听起来，他的话不无道理。
　　d. 一切借口听起来空洞无物。→ 听起来，一切借口空洞无物。

在（8）中，根据句子的语义和语境，AP"生机勃勃""好年轻、好稚气"是N"老森林"和"她"在特定语境下表现出的特征。而AP"非常伤感"和"凄凉不已"并非N"小调"和"钟声"固有的属性特征，它们是"听"的人在特定语境下表达的特别语义。这里N所表现出的AP特征都具有一定的主观性，而且的确是在特定情况下的"看"或者"听"，才能有的感受。所以，对于这些不是N专属的特征属性，当AP的语义在指向N时，是以动词语义作为背景的，这时，"看"和"听"作为动词的语义并没有被虚化，N依然是"看"和"听"明确的对象。因此，"看起来""听起来"在这些例句中不宜移动改为插入语。对于（9）来说情况则完全不同，"娴静温柔"是"她"的性格特点；"合理"是"这个模型"的内容特征；"不无道理"是"他的话"内容和意义的体现；"空洞无物"则是"一切借口"本质属性。此时，N与AP的关系密切相关，"看与不看"和"听与不听"全然不会改变这些属性特征，"看起来"和"听起来"只是提供了评价性意义。由此可见，评价性V-起来句中，"看起来"和"听起来"的确需要被分成及物性感觉类动词和凝固短语两个类别分而处之。及物性感觉动词构成不及物式评价性V-起来句，凝固短语是形容词式评价性V-起来句的插入语。

解决了"看起来""听起来"评价性V-起来句中的谓词问题,进而要面对就是N的论元实现问题。作为动词谓语句,N一定是V的论元,我们基于题元系统的方法可以推导出动词论元实现的过程。作为形容词谓语句,主语N此时与动词无关,它的句法实现不是通过动词题元栅信息推导的。那么N能否作为AP的论元,如果它依然是论元,它的实现途径是怎样的。这些困惑将在下一节进一步厘清和说明。

第三节 N的论元实现

一 动词谓语句的论元N

本节以感觉动词"听起来"为例,讨论V-起来不能移动时,动词谓语句的评价性V-起来句中论元实现的情况。动词"听"的基础题元栅是([+m],[-c-m]),作为及物性动词,它有两个题元特征丛,特征丛[+m]表示动词事件与心理状态因素或生命属性密切相关,[+m]常常被解释为感事角色,反映的是感觉类、感知类动词的题元特征。特征丛[-c-m]是被感知,被感觉的对象,通常被解释为客体。与动作类及物性动词不同,在不及物式评价性V-起来句中,及物性感觉动词的特征丛[+m]无法与动词论元合并进而实现为句法论元。所以,在论元实现的过程中,动词的基础题元栅一定发生了变化,导致了最终的不及物动词表达方式。我们认为,这类感觉动词或者感知动词的题元特征丛[+m]可以与任指性关联,表示任何人"听",都会产生同样的感觉,这是由"听"的对象本身具有的特征属性决定的。所以,我们认为,在论元实现的过程中,动词的基础题元栅经历了饱和操作,题元特征丛[+m]被任指化处理为空特征丛[ ]①。虽然在派生题元栅上空特征丛[ ]依然存在,但是它没有

---

① 本研究在处理感觉动词的论元实现的过程中,借鉴了Marelj(2004)对英语中动词的处理方式。她将中动词的施事特征处理为空特征丛[ ],表示任指性。

第四章 感觉类动词评价性V-起来句的论元实现

句法表征,所以能够与动词论元合并的特征丛只有[-c-m]。具体操作步骤如下:

(10) 词条:听

例句:悠远的钟声听起来凄凉不已。

基础题元栅:听([+m],[-c-m])

体特征一致性原则:(√)　(注:动词"听"的题元栅虽然包括两个题元,但是题元特征[+m]不具有施事性,所以"听"事件是描写状态的,这与"起来"的状态义一致且兼容,所以动词不需要语类转换操作)

词汇标记:听([+m]$_1$,[-c-m]$_2$)　(注:按照词汇标记规则,可标记的动词题元数必须大于1,[+]值题元特征丛标为1,[-]值题元特征丛标记为2)

词汇操作:Saturation → arbitrarization 听([ ],[-c-m]$_2$)　(注:任意化饱和操作后的题元特征丛只有语义信息,但是无句法实现。饱和意味着题元栅的题元信息是饱满的,但在实际表现上为减元。饱和操作关闭了一个题元特征丛,如果有需要可以通过语法手段重新打开)

派生题元栅:听([ ],[-c-m]$_2$)

合并指导： （注：根据合并指导原则，标记为2
$[-c-m]_2 \rightarrow$ 的题元特征丛，只能与动词
internal argument 的内部论元合并）

输出：听 $[-c-m]$

   听起来悠远的钟声 $[-c-m]$ 凄凉不已

句法核查：听（起来）悠远的钟声 $[-c-m]$ 凄凉不已

    悠远的钟声 $[-c-m]$ 听（起来）凄凉不已。

    悠远的钟声$_i$听（起来）t_i凄凉不已。

（注：题元系统输出的信息未满足 EPP 核查，移动和提升与
  $[-c-m]$ 特征丛合并的动词内部论元，动词的内部
  论元实现为句法主语）

  通过以上推导步骤，我们看到单音节及物性感觉动词虽然在句法上表现出不及物动词的特征，但是在语义上它依然是及物性动词。动词基础题元栅中的题元特征丛 $[+m]$ 与任指性关联，所以被饱和操作为空题元特征丛 $[\ ]$，它仅保留语义信息，但是无法获得句法实现。因为双题元特征丛只显示了一个题元特征丛，这造成了动词论元没法完全合并，最终动词的内部论元实现为句法主语，构建了不及物式 V-起来句。

二　形容词谓语句的论元 N

  论元本身不是语言学的术语，它是来自数学和逻辑学的基本概念函数。函数可以用 $y=f(x)$ 表示，其中 x 代表的是变量，即论元（argument）；y 代表的是因变量，即值（value）；函数反映的是 x 与 y 的关系，所以函数公式也称函数关系式。逻辑学中的一元谓词、二元谓词的概念就是基于函数关系式推导而来的，所谓 n 元是指与谓词相关的论元数目来说的。在谓词逻辑中，简单命题被分解为个体和谓词，

第四章 感觉类动词评价性V-起来句的论元实现 173

个体（论元）是可以独立存在的事或物，谓词要么说明个体的性质，要么解释个体之间的关系。生成语言学认为，不仅动词可以有论元，形容词、名词都可以有论元。论元是具有指称功能的名词短语，它在述谓结构中与谓词形成关系。如此说来，在"V-起来，N+AP"格式的评价句中，形容词谓词自然可以有论元，N 就是 AP 的论元，N 与 AP 之间存在着句法和语义关系，N 的句法实现是由 AP 决定的。

与动词谓语句相比，形容词作谓词时它的论元实现途径不同，形容词谓词与论元之间的关系更多的是语义兼容和语义选择形成的。虽然 Reinhart 基于动词构建的题元编码、词汇标记、词汇操作等方法不能直接用于形容词谓词，但是从方法论的角度看，题元系统理论传递的论元可推导的思路以及动词题元特征编码的思路都是可以借鉴的。鉴于此，我们也采用特征值编码的方式对形容词谓词的特征属性做了说明。根据普遍性、可解释性、可操作性的基本要求，编码信息要具有普遍性，能够概括汉语形容词的一般规律；编码信息要具有可解释性，不但能够描述形容词谓词的语义特征，而且能够解释论元和谓词之间的匹配关系；编码信息要具有可操作性，可行的技术手段可以适用于形容词特征的调控，以便更好地解读形容词谓词的论元实现。我们将形容词谓词的特征归纳为特征值 a 和特征值 t：a 表示生命属性（animacy），t 表示界性（telic），这两个特征都具有二分值。±a 表示形容词的特征属性是否具有生命性。形容词的一般定义是：形容词主要用来描写或修饰表示人或者事物的性质、状态、特征和属性。因为有的形容词可以用来描述人或者有生命属性的对象，而有的只能描述不具有生命属性的事物，所以形容词本身的特征应该具有这样区分性；±t 表示形容词的特征属性是否具有有界性。形容词不仅可以用作谓词，它更多的用法是作为定语修饰名词。形容词作定语的典型语义特征是量的零赋值，它不能具有程度性和量的固定性，也就说无界性的形容词是作定语的；而形容词作谓词具有句法特征的，它是有针对性的描述，所以形容词谓词必须有量的赋值，也就是说有界的形容词才可进入形容词谓语句中。例如,"红、白、胖、勇敢、马虎"这些形容词的语义特征是无界性的,它们通常的用法是用作定语。如果要进入到句法中,这些无界性的形容词必须通过适当的词汇操作手段将无界性修正成有界性特征,如"雪白、火红、比较胖、非常勇敢、马马虎虎"等这样的复合形式。通常,用来改变形容词界性的词汇操作手段有以下几种:(1)添加表示程度的副词,如"很、非常、特别、太、十分"等;(2)添加否定词"不";(3)将形容词处理为重叠式,如"红彤彤、高高大大、傻里傻气"等重叠词形式;(4)给形容词后添加"的",如"胖胖的、高高的、挺好的"等;(5)使用主谓结构或者动补结构的复合形容词组。词汇操作的目的是为了最大限度地取消性质形容词进入句法结构的限制,所以这些词汇操作方式也可以称为词汇标记。词汇标记过的性质形容词才能充当谓词构建形容词谓语句。

明确了 N 的论元地位,我们将使用形容词特征编码,参照表 4-3 的例示,从语义兼容和语义选择的角度讨论 N 的论元实现。首先,采用特征值编码的方式,对表 4-3 的例示中的所有形容词全部进行了编码赋值,详见表 4-4。

表 4-4　　　　　　　　　　形容词特征编码

看起来	听起来
1. 恬静([+a][-t])	1. 明智([+a][-t])
2. 便宜([-a][-t])	2. 公道([-a][-t])
3. 松软([-a][+t])	3. 情真意切([-a][+t])
清凉([-a][+t])	4. 愉悦([+a][+t])
诱人([-a][+t])	5. 过甚其词([-a][+t])
4. 糊里糊涂([+a][+t])	6. 复杂([-a][-t])
5. 合理([-a][-t])	7. 沉静([+a][-t])
6. 粗糙([-a][-t])	8. 好([±a][-t])
7. 简单([-a][-t])	
8. 古朴([-a][-t])	

第四章 感觉类动词评价性V-起来句的论元实现

因为 a 值是关于生命属性的,所以表 4-4 中标记为 [+a] 的形容词必须与具有生命特征的名词词性成分关联;标记为 [-a] 的形容词肯定选择和兼容表示事物的名词性成分;标记为 [±a] 的形容词说明它既可以选择生命体,也可以选择物体。t 值是关于形容词能否度量的界性特征,通常 [-t] 表示与之相关的名词性成分是任指的,而 [+t] 表示与形容词关联的名词性成分是确指的。但是,根据形容词作谓词的规定,无界性的形容词不能进入的句子中,因此所有的 [-t] 特征在句子构建的过程中必须使用词汇操作手段进行修改,以满足谓词性形容词的句法需要。这样一来,所有的 [-t] 特征在句子中都要修正为 [+t],由此可知,进入形容词谓语句的 N 必须是确指的。这样 N 的句法实现过程可以具体表现为以下几个步骤:

(1) 根据 AP 本来的语义特征用特征 a 和 t 编码,此时 AP 的语义特征与句法无关。

(2) 根据 AP 的编码结果选择 N。

(3) 核查 N 与 AP 的语义匹配,根据句法要求修正 AP 的语义特征值,进而修正 N 的特征值。

(4) 生成 AP 的论元 N。

根据以上形容词谓词的论元实现步骤,我们以表 4-3 中提供的语料信息为例,对"看起来"和"听起来"作为凝固短语的句首插入语时,N 与 AP 的构句过程进行逐一梳理。已经编码 AP 的语义特征要通过词汇操作调变和修正其不符合句法需求的语义特征,最终达成 AP 对 N 的语义选择和语义兼容,使得 N 与 AP 构建特殊的现代汉语形容词式评价性V-起来句。论元 N 的具体推导过程和解析如表 4-5 所示。

表4-5　　　　　"看起来"形容词谓语句的论元实现

看起来		
AP	N	N + AP
1. 恬静（［+a］［-t］）	她（［+a］［+t］）	1. （看起来），她**那么**恬静。
2. 便宜（［-a］［-t］）	大衣（［-a］［-t］）	2. （看起来），这件大衣**不**便宜。
3. 松软（［-a］［+t］） 清凉（［-a］［+t］） 诱人（［-a］［+t］）	草地（［-a］［-t］）	3. （看起来），**碧绿的**草地松软、清凉、诱人。
4. 糊里糊涂（［+a］［+t］）	他（［+a］［+t］）	4. （看起来），他糊里糊涂**的**。
5. 合理（［-a］［-t］）	方案（［-a］［-t］）	5. （看起来），**这个**方案**最**合理。
6. 粗糙（［-a］［-t］）	评论（［-a］［-t］）	6. （看起来），**这**评论**很**粗糙。
7. 简单（［-a］［-t］）	海奶奶（［+a］［+t］）	7. （看起来），海奶奶**不**简单。
8. 古朴（［-a］［-t］）	围墙（［-a］［-t］）	8. （看起来），**这**围墙**很**古朴。

在表4-5中，我们可以看到，N的语义特征与AP的语义特征在进入的句子之前，并不是完全匹配的，或者说二者的兼容度有一定的差异。比如："恬静"和"她"在t值上是不兼容的，作为性质形容词"恬静"本来的语义特征与有界性无关，而"她"是确指的；"草地"与"松软、清凉、诱人"在t值上也不兼容，原因在于"草地"是类指概念，而"松软、清凉、诱人"是复合形容词，它们的语义是已经在量上赋过值的，所以二者不匹配；而"海奶奶"是确指的人名，与它对应的"简单"是一般的性质形容词，所以二者在a值和t值上都不兼容。其他已经兼容的AP与N并不意味着可以直接进入句子完成N的论元实现，比如："围墙古朴"就不构成形容词谓语句，因为AP无标记，N也违反了确指的要求。所以。由它们构成的词组"古朴的围墙"更加符合语法规范。这是因为定语的语义特征是无边界，所以可以修饰类指名词性成分。但是作为句子，这种无界性描述无定性的情况是不允许的。正因如此，需要通过词汇操作手段标记AP的句法特征，同时依此借助语法手段将N修正为确指。表中第三栏用黑体标记部分的就是词汇修正手段，要么是AP被程度副词（如"那么、很"）、否定词（如"不"）等词汇方式修改为可量度的状态形容词，要

么是 N 通过性质形容词修饰（如"草绿的"）或者添加确指的指示代词（如"这、这个"）保证它的有界性。通过调变和修改的 AP 和 N 最终达成语义兼容，至此，才能说形容词谓词的论元 N 完成了句法实现。

关于"听起来"的例示，适用于同样的操作方法和同样的解释，详见表 4 – 6。

表 4 – 6　　　　"听起来"形容词谓语句的论元实现

AP	N	N + AP
1. 明智（ [+ a] [- t] ）	你（ [+ a] [+ t] ）	1.（听起来），你非常明智。
2. 公道（ [- a] [- t] ）	话（ [- a] [- t] ）	2.（听起来），他的话很公道。
3. 情真意切（ [- a] [+ t] ）	诗（ [- a] [- t] ）	3.（听起来），这首诗情真意切。
4. 愉悦（ [+ a] [+ t] ）	他（ [+ a] [+ t] ）	4.（听起来），他相当愉悦。
5. 过甚其词（ [- a] [+ t] ）	发言（ [- a] [- t] ）	5.（听起来），他的发言过甚其词。
6. 复杂（ [- a] [- t] ）	方法（ [- a] [- t] ）	6.（听起来），这套方法不复杂。
7. 沉静（ [+ a] [- t] ）	语调（ [- a] [- t] ）	7.（听起来），他的语调十分沉静。
8. 好（ [± a] [- t] ）	建议（ [- a] [- t] ）	8.（听起来），你的建议比较好。

通过以上 N 与 AP 的语义选择和语义特征兼容匹配的词汇操作修改，N 在句法中获得了实现，它的句法表征和语义特征由 AP 选择并决定。所以，N 是谓词 AP 的论元，N 的句法实现过程要通过 AP 的语义特征核查和句法特征核查。

小　结

本章讨论了由感觉类动词构成的评价性 V – 起来句的两种论元实现情况，当 V – 起来的位置在句中时，句式是动词谓语句；当 V – 起来移出句子，作为句首插入语时，句式是形容词谓语句。由于本句式的特殊性，可适用的动词相当有限，比较集中地体现在了由"看起来"和"听起来"构成的评价性 V – 起来句中，所以，本节呈现的论元推导都是以"看起来"和"听起来"为例的。

在动词谓语句中，V-起来依然是句子的核心，AP对N的语义指向只有在V-起来的情况下才能凸显出来。当N仍然是V的论元时，它的句法实现过程依然以V的题元栅为主进行推导。由于动词题元栅中的语义信息关联任指性特征，所以动词经历了基础题元栅的饱和操作，形成了空题元特征丛。这造成了题元栅在语义上饱满，在句法表征中缺失论元的情况，并由此产生了及物性动词的不及物动词表达方式，动词的内部论元实现为句法主语。

在形容词谓语句中，V-起来在句子中位置的灵活性是因为它与N的关系比较疏松，它的移出可以突出AP对N的语义指向。此时，N是AP的论元，根据形容词的特征属性，以a（animacy）值生命属性和t（telic）值界性对形容词的语义特征进行编码和说明。从语义选择和语义兼容的角度，描述了论元N在形容词谓语句中的实现过程，特别强调N与AP的词汇语义选择不一定能够作为句法实现的最终结果。在N的论元实现过程中起关键作用的是AP的句法语义特征，所以当AP的词汇语义特征不满足句法语义特征时，需要借助词汇手段和语法手段调整N与AP的特征值的兼容性，最终构建符合语法规范的形容词式评价性V-起来句。

通过本章节的分析，我们强调，不能因为V-起来的可移动特征，模糊了"看""听"作为感觉动词与"看起来""听起来"作为凝固短语的区别。"看""听"作为感觉动词构建的是不及物式评价性V-起来句；"看起来""听起来"作为凝固短语构建的是形容词式评价性V-起来句，它们的论元实现过程根本不同。

非动词论元的句法实现是汉语论元实现的专属问题，本节关于形容词特征编码和形容词谓词与其论元的语义选择和语义兼容的探讨可以视为基于题元系统理论对汉语论元实现问题的尝试性解释。下一章节，我们还将涉及评价性V-起来句所带来的另一类汉语论元实现的专属问题，尤其关注句式所表现出的非常规语序问题。

第五章　及物式评价性V-起来句的论元实现

评价性V-起来句式的第二种构型是及物式V-起来句。及物式评价性V-起来句的句法表征呈现出鲜明的非常规性特点，它要么以"N1+V起N2来+AP"这种谓语动词分裂格式表达，要么以"N1+N2+V起来+AP"这种双主语格式表达。这组评价性V-起来句不论以何种格式表达，谓语动词在句法上都表现出及物动词的特征，即主、宾语齐全，但是，动词的主、宾语与谓语动词V-起来的句法语序并不符合"N1+V-起来+N2"的常规格式。所以，非常规语序成为及物式V-起来句最突出的句法特点。本章将根据研究问题，探讨为什么及物式V-起来句的核心论元必须实现为分裂格式或者双主语格式。

第一节　N1+V起N2来+AP格式

一　语料事实

通过语料检索，我们找到的符合V起N来分裂格式的语料信息有3896条，但是能够满足"N1+V起N2来+AP"格式的语料却远远低于预估值，其中只有51条语料信息满足该格式，共涉及32个动词。我们发现，进入分裂格式"V起N来"的动词在形式上都具有可拆分性，也就是说，它们实际上是V+N格式的动宾动词词组。但是，格式中的V-起来与N在语义上却是整体不可分的，而且，构成这些动宾词组的谓核 V 基本上都是单音节动词,在语料库的语料检索中并没有发现 V 是双音节的情况。然而,在文献资料中,我们见到了诸如"解决、贿赂、操控、表演"等为数不多的由双音节动词构成的 V 起 N 来的表述,如:

(1) a. 高才生解决起这个问题来很容易。
　　b. 商人们贿赂起官僚来很容易。
　　c. 熟练工操控起这些设备来很容易。
　　d. 他表演起这个片段来更感人。

语料检索结果和文献语料的不完全匹配也许与检索方式、文献来源、分析方法等有关。但是,根据语言的可预测性,理论上及物性双音节动作动词应该能够进入 N1 + V 起 N2 来 + AP 句式中。那么,双音节及物动词在 V - 起来分裂格式中的缺失或者说鲜见可能有更深层次的原因。这一点需要在研究中引起重视。

我们首先将语料库检索中呈现的能够建构 N1 + V 起 N2 来 + AP 格式的动词和例句列表呈现,因为动词数量有限,所以相关动词在此全部罗列出来,详见表 5 - 1:

表 5 - 1　　　　　　N1 + V 起 N2 来 + AP 格式的动词 V

动词	例示
1. 走路	梅老师走起路来脚下生风。
2. 讲话	他讲起话来谈笑风生。
3. 讲课	他讲起课来生动有趣。
4. 做事	我们做起事来实实在在,从不掺假。
5. 骂人	如今,她得理不饶人,骂起人来愈加恣意。
6. 吃饭	他吃起饭来狼吞虎咽。

第五章　及物式评价性V-起来句的论元实现　181

续表

动词	例示
7．干活	小伙子们干起活来生龙活虎。
8．赶工	临近年关，他们赶起工来没昼没夜。
9．穿制服	他穿起制服来干净利落，又体面又威风。
10．扯闲篇	这群老娘们扯起闲篇来没完没了。
11．读散文	他读起那篇散文来字正腔圆。
12．打电话	小姑娘大着嗓门，打起电话来没完没了。
13．撒谎	看样子已经习惯了，他撒起谎来眼都不眨一下。
14．摆谱	她摆起谱来趾高气扬的。
15．上班	计划经济时期，他们上起班来懒懒散散的。
16．干仗	他们做起事来提不起精神，干起仗来倒是精力十足。
17．办事	他办起事来一丝不苟。
18．教训	他教训起人来一套一套的。
19．开会	老书记开起会来长篇累牍的。
20．造谣	她造起谣来舌灿莲花，真真假假没法分辨。
21．较真	他较起真来让人害怕。
22．发言	他发起言来逻辑清晰，有理有据。
23．讲道理	他讲起道理来一套一套的。
24．吵架	他们吵起架来花样繁多。
25．开玩笑	他开起玩笑来也一脸严肃的样子。
26．下棋	她下起棋来非常专注。
27．立规矩	他立起规矩来八面威风，俨然老大的样子。
28．上课	他们上起课来一贯认真。
29．唱歌	他唱起那首歌来饱含深情。
30．跳舞	她跳起舞来如入无人之境，完全沉浸在角色中了。
31．发怒	他发起怒来挺吓人的。
32．闹妖	这孩子闹起妖来不分场合，不分地点，讨厌极了！

根据本研究的语料检索结果，与 V 起 N 来分裂格式兼容的动词词组突出地表现出"形可拆、意不可分"的特点。它们的这一表现与汉

语中的述宾（动宾）式离合词的特点有相似之处。学界对离合词的研究由来已久，自从王力（1954）第一次提出这种语言现象，到目前有关离合词数量和种类的研究依然未能完全达成共识。但是，述宾式离合词却是有统计数据支持的，以《现代汉语离合词用法词典》（杨庆蕙，1995）为例，述宾类离合词就占本书所收录条目的97.1%；在《现代汉语词典》中，有标记的动宾型离合词占离合词总数也达到97%左右。可是，述宾式离合词只是离合词类的一个部分，而且本文的研究重点不是离合词，再加上离合词本身的研究还有未解的问题，所以，在本研究中，我们依然以动宾型动词词组来描述V起N来分裂格式。语料事实也说明，动宾动词词组对本研究而言是最贴切的描述，因为上表中的"读散文、穿制服、立规矩、讲道理"显然都算不上离合词，它们只是标准的动宾词组。

　　如果以动宾词组的视角来看待谓核V，V毫无疑问是及物动词，这也是本研究将这个格式的评价性V-起来句称为及物式的主要原因。如果V的及物动词特征可以确定，那么N1和N2的主、宾语句法地位也可以随之确定，如此说来，在这个句式中讨论动词的论元实现似乎就显得没有任何必要了。因为，在V是明确的及物动词的情况下，它的两个论元分别实现为句法主、宾语，这是及物动词最一般的句法特征。但是，在及物式评价性V-起来句中，"V起N2来"毕竟是以分裂格式表征的，为何该句式在构建时谓语动词V-起来与作宾语的N2只能处理成这样的非常规动宾结构？另外，词与词的搭配是一个双向选择的过程，只有两方在句法和语义上兼容时，才能组合在一起构成短语，那么在"V起N2来"分裂格式中"V、N2、起来"是怎样融合在一起的？这些问题应该在本研究中得到进一步阐述。

二　"V、N2"与"起来"的融合

　　在不及物式评价性V-起来句中，依据体特征一致性原则，"起来"对V加以限制，并决定V是否需要动词转类的操作。那么在及物式V–起来句子,"起来"与"V+N2",或者说"起来"与谓核V又有怎样的关系。分裂格式涉及"V+N2"和"起来"两组动词的融合,不厘清这两组动词的句法语义特征,很难讨论VN和"起来"的关系以及它们之间的融合的过程。

《现代汉语词典》将趋向动词"起来"的语义特征分成了四类,即趋向义、状态义、结构义和评价义。但是,刘月华(1998)在《趋向补语通释》中,把V–起来句中的"起来"视为趋向补语,他只认可"起来"的趋向义,结果义和状态义。至于评价义他认为与"起来"本身无关,那是V–起来句子中由AP带来的语义效果。可是,我们发现无论怎样划分,趋向动词"起来"的意义之间的区别性特征并不是很明显,以"拉起来"为例:

(2) a. 小明摔倒了,我把他拉了起来。
　　b. 我把窗帘拉起来了。

一般来说,例句(2a)中的"拉了起来"被归入趋向义,因为有空间上向上的趋向意义,但是句子也产生了"小明站立"的结果。(2b)中的"起来"引出了"窗帘关闭"的结果,同时也伴随着窗帘位置的移动,所以,很难说清究竟是动作产生的结果更为重要,还是动作进行的方向更为重要。相比之下,结果义和状态义仅依靠"起来"是没法判断的,如:

(3) a. 皮球鼓起来了。
　　b. 皮球鼓了起来。

动词"鼓"表达的动作究竟是持续的还是完成的,完全需要借助其他语法手段来判断。以上分析说明,除了"起来"本身确切地表示空间上的趋向义,其他意义都是"起来"在使用中归纳的派生意义,这些意义并非"起来"自身固有的词汇语义，它们是由句子其他成分赋予的。所以，本研究认为"起来"的结果义、状态义、评价义都是"起来"的事件的意义。动词的事件语义对基本词汇语义进行了调控，丰富了词汇语义的特征属性。因此，在 V-起来的句子中"起来"都是对动词进行补充说明，表明随着动词事件产生了某种变化，这种变化可以体现在空间位置上，可以体现在状态的改变上，或者带来某种结果，也可以兼而有之。

根据 V 起 N 来分裂格式的语料，我们看到"起来"的趋向义和结果义与此格式无关，而起来的"评价义"可以交给 AP 去处理，这样，在讨论 V-起来分裂格式时就只有状态意义这一种类型了。"起来"的状态义表示的是动词事件的开始，并且在时间上延展、持续。这样看来，"起来"实际上依然还是句子中的体特征标记。我们参考 Vendle (1957) 划分动词词类时使用的标准，即是否具有动态性（dynamic）、是否具有持续性（druative）、是否具有终结性（telic），以特征分析的方式对"起来"的表示状态义的语义属性进行了考量。因为这里只涉及"起来"状态义，根据状态义的内涵，是否具有持续性与是否具有终结性是对立的概念，所以只采用是否具有动词态性和是否具有持续性两个标准。动态性与持续性构成了"起来"状态义的基本语义特征属性，同时满足这两个特征属性的动词，才能与表示状态义的"起来"相容，才能进入的 V 起 N 来分裂格式。

V 起 N 来分裂格式是组合的结果。词的组合一定要满足语义一致性原则，组合成功的词组必定语义特征相容，组合失败的意味着语义特征相斥。那么怎样的动宾动词词组能够与"起来"的状态义兼容，并且构成 V 起 N 来分裂格式？首先，V+N 动宾动词词组在形式上必须可拆分，不能拆分的词组无法进入 V-起来分裂式中，但是，V+N 动宾动词词组在语义上表达比较固定的、完整的概念。一般情况下，V 与 N 形式上可拆分不能动摇其语义的完整性；其次，以动作的持续性为标准，瞬间性动宾动词短语和结果义动宾动词短语都不能与"起来"相容。从语义角度看，非延续性动宾短语表达的事件具有瞬间完成性，不具有时间上的延续，所以，""结婚起来、*离婚起来、*毕业起来、*结业起来、*开幕起来、*辞职起来"等是不符合句法要求的。同理，带有结果义的动词表示的是完成性的动作，具有终结性，它也不能与持续性相容，所以，""出院起来、*显形起来、*起床起来、*抽空起来"等都是不可接受的用法。最后，以动态性为标准，动态性通常描述的是某种具体动作的事件，如"跑步、散步、跳舞、滑冰"等，在没有其他表示时间限制的句法手段介入的情况下，这些动作蕴含持续性意义，因此它们能够与"起来"的持续义相容。回看语料中的这些动词（见表5-1），虽然不同的动宾动词词组在动态性特征上有强弱差异，但无疑都表示动作本身的持续性或者动作引起的状态的持续性，如"上课、上班、讲课、干活、开会、做事、办事"等本身就表示持续性的动作特征；而"走路、吃饭、下棋、唱歌、吵架、骂人、撒谎"都表示的是动态事件；"摆谱、闹妖、较真、发怒"等则描述的是动作所引起的相关状态。这些动宾动词词组与"起来"组合在一起实际上是强调了动作事件的状态性、消解了动词本身的动作性。这说明V起N来分裂格式不描述动作事件的过程，只关注动作事件的状态。这种处理方式无疑与分裂格式之后的AP在语义上形成了呼应。以上分析说明，在理论上，能够与"起来"的状态义相融的、能够满足"形可拆、意不可分"的V+N动宾动词词组都可以进入的V起N来分裂格式，这使得V起N来分裂格式具有了一定的生成性和预测性。

三 V起N来分裂格式

虽然V-起来的义项大致有四类，但是它的趋向义、状态义、结果义体现着对动词事件发展不同的阶段的解读，而它的评价义则是对V-起来事件本身的评估、描述或者评价。与其他三个义项不同的是，评价性V-起来不可或缺的组构成分是V-起来之后的AP，所以刘月华(1998)认为,所谓"起来"的评价义其实来自 AP,不是由趋向动词本身变化而来的。我们认为,评价义是否源自"起来"并不重要,因为评价性V-起来句的评价义是完整句式的意义,所有的句式组构成分都服务于这个最终的表达结果,但是,我们赞同V-起来所表达的趋向义、状态义、结果义之间的关联性。如果以时间、空间两个维度来看待V-起来事件,那么表示趋向意义的V-起来句无疑是动作事件在空间维度的变化,表示结果义和状态义的V-起来事件关注的则是时间维度上事件的开始、进程及变化结果。状态义与结果义的区别主要表现在如何在时间轴上识解事件区间。如果凸显事件的起始和过程,则V-起来事件表达具有延续性的状态义;如果凸显的是事件的变化结果,那么V-起来事件表示达到目的或者完成性的结果义。在讨论什么样动词词组能与本句式的"起来"相融时,关键的信息是"持续性"和"动态性",以便能够保证评价性V-起来句中V-起来事件所表示的状态义。

  V-起来的合并式与V-起来的分裂式依然与事件的识解视角有关系。根据"距离像似性原则",概念之间的距离可以对应于语言成分之间的距离,这样,V-起来合并式与V-起来分裂式之间"V"与"起来"的距离差,实际上反映着对V-起来事件不同的观察视角,而且不同视角的观察结果会体现在句法表征中。在V-起来的合并式中,"V-起来"是一个整体,被视为一个点。在空间维度或时间维度上,点不具有连续性,只能表示在某个空间它有了怎样的移动,或在某个时间点它有了怎样的状态或结果。而V-起来的分裂式"V 起 N 来"拉长了"V"和"起来"之间的距离,像似性使得V-起来事件沿着某条线性路径发展变化。这样,线性的路径也契合了V-起来事件的状态义。所以,V-起来的分裂式刻意地营造了一条在时间上有起点、可延续的线,突出了V-起来事件的延续性和状态性。从某种程度上说,V-起来的分裂格式强调了表示状态义的"起来"所具有的"持续性"的语义属性。再者,进入"V 起 N 来"分裂格式的都是V+N

第五章 及物式评价性V-起来句的论元实现

结构，并不是光杆的V。常规的V-起来表达方式说明一个单个的动词事件，但是如果以VN-起来的方式表达，语言直觉上是两个事件的组合，即VN事件和"起来"事件，如在"跳起来、跳起舞来、*跳舞起来"中，"跳起来"表示一个关于"跳"的启动事件，"跳起舞来"表示的是跳舞事件的起始和延续，而"*跳舞起来"很难被理解为一个单个事件，这违反了V-起来事件所要表达的意义，因此它是不合乎语法的。

总之，在及物式评价性V-起来句中，"V起N来"分裂式的主要目的是强化"起来"所传递出的"持续性"语义特征。"持续性"不但作为判断标准，决定着怎样的"形可拆，意不可分"的动宾动词词组能否与"起来"语义兼容，更重要的是，"持续性"体现了V-起来在句式中所表达的状态义。当然，"V起N来"分裂式可成立的技术保障自然是动宾动词词组的可拆分性。

当动宾动词词组与"起来"语义相容，共同构建起"V起N来"分裂式，这时需要解决问题是如何看待"V起N来"分裂式的句法地位。如果依然以V作为谓语中心词，把N看作它的内部论元，将分裂的"起来"当作体特征标记，那么带来的结果是谓语动词的语义特征违反了"V起N来"分裂式表达的语义特征。因为，当谓语动词是及物动词的时候，它拥有主、宾语论元，表达的是完整的动作事件过程，而"V起N来"分裂格式就是用来强调和保证动词事件具有持续性的状态意义，状态意义是非动作性事件。这样一来，V的及物性特征与"V起N来"分裂式的状态义特征在语义上是冲突的。如果换一种解释思路，放弃以及物动词V为句子的中心，把分裂式"V起N来"整体打包成一个不可分割的复杂谓语动词，并将"V起N来"视为谓语中心词，这时就无须再处理V作为及物动词带来的语义不兼容问题了。此时，"V起N来"相当于一个V′，句法结构式可以表征为N1 + V′ + AP。V′在语义上具有非作格性，在句法上相当于一个不及物动词。根据事件转换模型表示的动词关联性，非作格性事件是动作事件的一个部分，它只识解了事件的起始部分或者事件的状态，不涉及事件的完成过程，也不讨论事件带来的结果变化。通过这样的处理，非作格性 V′所表达语义特征正是 V 起 N 来状态义的语义特征。那么 N1 的就是 V′的论元，即 V – 起来事件的论元，不再是及物动词 V 的论元。这种解释相当于分层处理句子构建过程中的相关问题，具体的构建思路可以反映在图 5 – 1 中：

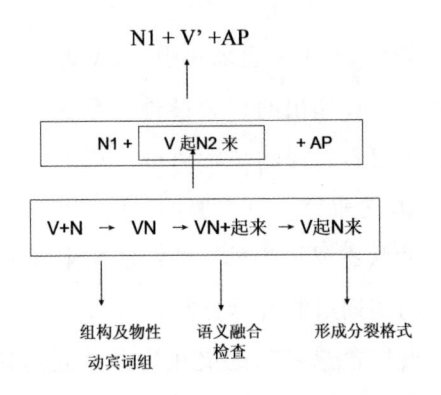

N1 + V' +AP
↑
| N1 + | V 起 N2 来 | + AP |
↑
V+N → VN → VN+起来 → V起N来
↓　　　　↓　　　　↓
组构及物性　语义融合　形成分裂格式
动宾词组　　检查

图 5 – 1　V 起 N 来分裂式的句法解析

四　论元 N1 的句法实现

通过以上分析，我们已经知道 N1 不再是 V 的论元，它成为 V′即 V 起 N2 来的论元，或者说非动作性事件的论元。如果 V′具有非作格性语义特征，那么它的题元栅信息可以表征为 V′([–c +m])，–c 值表示 V′事件不关注致使变化，也不讨论事件结果，仅关注动词事件的起始和状态；+m 表明 V′事件受到心理状态或生命性的影响。但是，在这个句法结构中 V′是抽象动词，必须考虑到"V 起 N2 来"分裂格式中 V 的词汇语义信息。虽然 V 的及物性语义特征被"V 起 N2 来"格式控制，但是，由于 N2 的存在，V 的及物性特征还是应该做出说明。而且，我们在讨论本句式中"起来"的语义特征时，强调"起来"具有"持续性"和"动态性"两种语义属性，V 起 N 来格式的构建过程重点关注了与"起来"的持续性语义兼容的问题，那么"起

第五章 及物式评价性V-起来句的论元实现

来"的动态性特征必须在 V' 论元实现的过程中得到解释。基于这样的分析，V' 基础题元栅中的题元特征丛 [-c+m] 应该被修正为 [+c+m]，一方面，说明 V' 中的 V 的具有施事性特征，即动词事件的启动者具有意愿性和自主性，而且事件的参与者对事件具有控制力；另一方面，动词事件的动态性也可以通过 [+c+m] 得到呈现，因为理论上与 [+c+m] 共现的动词必须具有动作性，只是由于"V起N来"格式的存在，动作性事件被非动作化了。修正后的题元特征丛 [+c+m] 既满足了 V 的词汇语义，表达了"起来"的动态性语义特征，同时也不用担心施事性题元会改变句法结构，因为"V起N来"分裂格式的存在在语义上抑制了施事本应表达的动作性事件意义。这样，N1 的句法实现具体过程可以通过以下步骤得到描述：

(4) 词条：V'（V起N来）

　　基础题元栅：V'（[-c+m]）

　　派生题元栅：V'（[+c+m]）　　（注：V 的词汇语义和"起来"的"动态性"特征共同修正了基础题元栅中的题元信息，并且派生新的题元栅）

　　词汇标记：—　　（注：依据词汇标记规则，题元栅标记的前提是动词必须是 n 元动词，且 n>1。词汇标记的目的是方便词汇操作，在本例中无须词汇操作）

　　合并指导：—　　（注：没有经过词汇标记的题元栅，也无须在题元系统能执行合并指导原则）

输出：N V'

句法核查：无须句法核查，生成的句法表征符合非作格性动词的句法规范

例示：他<u>吃起饭来</u>狼吞虎咽。

小伙子们<u>干起活来</u>生龙活虎。

他<u>讲起话来</u>谈笑风生。

他<u>讲起课来</u>生动有趣。

通过 N1 的论元推导过程，我们可知在及物式评价性 V-起来句中，动词 V 在句法上是及物动词，因为与 V 相关的有 N1 和 N2 两个论元，但是，由 V 构成的"V 起 N 来"分裂格式在语义上是非作格性的。及物动词 V 在论元实现中被处理为不及物动词用法，这是及物式评价性 V-起来句 N1 + V 起 N2 来 + AP 格式的突出特点。N1 与 V 在词汇语义上是施动关系，在事件语义上 N1 是"V 起 N 来"唯一的参与者，是"V 起 N 来"事件的启动者。句子中的 AP 语义指向"V 起 N 来"，AP 是对"V 起 N 来"事件的描述和评价。

本节讨论了及物式评价性 V-起来句格式一的句法构建和论元实现过程。在句法表征上 N1 + V 起 N2 来 + AP 是典型的及物动词句，但是由于 V-起来的特殊分裂格式的存在，句法表征与句法语义并不对称。V-起来分裂格式"V 起 N 来"充分体现了趋向动词"起来"在本句式中表述的意义。"起来"表述的 V-起来事件具有"持续性"和"动态性"的特征属性，它体现着"起来"的状态义。正是"起来"语义属性要求进入的句式的动宾动词词组必须在语义上与"起来"兼容；正是"起来"的"持续性"特征，使得 V-起来以分裂格式得以存在，并且强化了"持续性"的状态义。同时，进入句式的动宾动词词组具有"形可拆，意不可分"的形义特征，这样它既保持了 V + N 在语义上的完整性，又可以在技术上支持 V-起来分裂格式的存在。V 起 N 来分裂格式最终影响了句式的动词语义特征和句法表征。

总的来说，V 起 N 来格式不是现象上的非正常语序问题，本质上依然是动词问题，是趋向动词"起来"的语义特征和 V 的语义特征兼容调变，共同构建起了 N1＋V 起 N2 来＋AP 格式的评价性 V 起来句。

第二节　N2＋N1＋V－起来＋AP 格式

一　语料事实

通过语料检索，符合"N2＋N1＋V－起来＋AP"格式的语料信息共有 137 条，涉及 31 个及物动词，其中单音节动词 15 个，双音节动词 16 个。对比发现，可以进入本句式的及物动词，都适用于不及物式评价性 V－起来句。反过来，能够进入不及物式 V－起来句的及物动词，并非全都适用于"N2＋N1＋V－起来＋AP"格式。数据显示，单音节及物动词和双音节动词在数量上相当，但是，单音节动词提供的语料信息多于双音节动词，这说明单音节动词在本句式中更加常用。具体语料检索结果见表 5－2。

表 5－2　　　　　N2＋N1＋V 起来＋AP 格式的动词 V

类	词（type）	词次（token）	例示
单音节	做、读、学、说、用、吃、穿、写、喝、唱、讲、谈、骑、改、译（共 15 个）	82	1. 老蔡的文章没学过哲学的人读起来也不枯燥。 2. 这么难的事他做起来得心应手。 3. 年夜饭一个人吃起来不是滋味。 4. 这样的小家电老人用起来也很方便。 5. 叶老师的课我们学起来不费力。 6. 这种低热卡饮料减肥的人喝起来零压力。 7. 书本理论他说起来头头是道。 8. 这件大衣她穿起来很漂亮。 9. 这道试题考生们写起来不容易。 10. 这首歌她唱起来悠扬悦耳。 11. "水漫金山"我祖母讲起来有趣得多。 12. 这里的风土人情我谈起来如数家珍。 13. 这种脚踏车小朋友骑起来也很轻松。 14. 这样的小错他改起来都很困难。 15. 这样艰涩的理论作品专业人士译起来也颇不轻松。

续表

类	词（type）	词次（token）	例示
双音节	解决、操作、使用、实施、执行、处理、回想、理解、查处、掌握、阅读、学习、回忆、研究、清理、搜索（共16个）	55	1. 多年的领土争端两国解决起来不可能一蹴而就。 2. 仪器设备的清洗和检修他操作起来得心应手。 3. 这样的指南用户使用起来不方便。 4. 这项改革措施政府实施起来步履维艰。 5. 这种拍脑袋做出的决定我们执行起来相当不易。 6. 这样的事他们处理起来一筹莫展。 7. 那天的事我至今回想起来心有余悸。 8. 当地的方言我们理解起来很吃力。 9. 这类情况劳动部门查处起来困难重重。 10. 这样非常规的情形专家们研究起来也力不从心。 11. 心酸的童年他今天回忆起来仍唏嘘不已。 12. 这些理论书籍外行阅读起来很困难。 13. WTO协议内容专业人士掌握起来也不容易。 14. 相关知识他学习起来很容易。 15. 这么大的曲棍球场地清洁工们清洁起来也很费事。 16. 这些散落在民间的孤本我们搜集起来殊为不易。

及物动词适用于"N2 + N1 + V – 起来 + AP"格式非常正常，因为动词的两个核心论元都获得了句法实现。但是，动词论元在句子中的排列顺序呈现出非常规的特点，宾语论元并没有被放置在宾语的位置，而是移动提升至句首的位置，造成了双主语的句法表征。另外，已有文献中有学者将"N2 + N1 + V – 起来 + AP"格式改变为"N1 + V 起N2 来 + AP"格式，让 N2 返回宾语位置的处理方式（熊仲儒，2014）。但是，语料库中却没有任何这样的相关信息，这意味着这种的处理方式有待核查。那么，这个句式带来问题是，如果 N2 是 V 的论元，什么样的操作使得它要被放置在句首的位置；如果 N2 不是 V 的论元，那么 N2 的句法地位是什么？及物式评价性V – 起来句式中的两种格式究竟能否交替？

二 N2 的句法地位

在及物式评价性V – 起来句的"N2 + N1 + V – 起来 + AP"格式中，N2 被放置在了句首。通常谓语动词的外部论元实现为句法主语，动词

第五章 及物式评价性V-起来句的论元实现   193

内部论元实现为句法宾语。对于动词的内部论元被移位提升,即主语提升,一般有两种解释:第一种解释是句法提升,其目的是解决句法问题;第二种解释是话题提升,目的是讨论话语功能问题。

移位和提升是来自生成理论的术语。在英语中关于主语提升有两种情况,一种情况是被动结构中动词内部论元的提升,因为句式抑制了动词的外部论元,根据 EPP 原则,句子必须有主语,所以内部论元移位并提升至主语位置,如:

(5) a. The wind broke the window.
    b. The window was broken.

另一种情况是提升结构中的主语提升,即把在从句中做主语的 NP 提升到主句中的主语位置。提升结构是由提升动词(raising predicate)动词 seem, appear, happen 等构成的,例如:

(6) a. Max seems to know the answer. → It seems that Max knows the answer.
    b. e seems [Max to know the answer] (D structure)
    c. Max seems [t to know the answer] (S structure)

因为 seem 是提升动词,它没有赋格能力,to do 小句又是非限定性的,也没有赋格的能力,这样,没有格的 Max 就移位提升到句子的标志语位置,目的是为了赋格。所以,提升结构中的主语提升是为了给 NP 指派题元角色。

很显然,在及物式评价性V-起来句式的"N2 + N1 + V-起来 + AP"格式中,N2 的移位和提升既不是被动结构的要求也不是提升结构的要求,况且汉语有无提升结构尚未达成共识。那么,N2 就属于被强制移位提升。本研究认为,这种强制提升应该与话题相关。曹逢甫

（1996）提出，汉语与英语不同，汉语中的提升是话题提升。当句子的主语（主要名词性成分）与句子的谓语动词紧密关联时，句子的宾语被视为次要名词性成分，在合适的情况下，它可以被话题化。次要名词性成分从句子中移出，提升至句首位置，成为句子的话题。话题由基底位置提升到句子的主语位置（IP 的标志语位置），再由主语位置提升到话题位置（CP 的标志语位置）。宋红梅（2008）也认为，在 V‐起来结构中"起来"是话题性语素，它的存在导致了强制性的 NP 移位提升至句子的话题位置。虽然关于话题和主语的争论从未停止，但是本研究认为，主语和话题都可以指句子中处于同一位置的词语，此时主语和话题相互兼容，在形式上话题结构和主谓结构重合；主语和话题也可以指句子处于不同位置的词语，尤其是两个名词性成分同时出现时（排除并列情况）。通常与谓语动词连接紧密的是主语，置于句首的是话题，如评价性V‐起来句式"N2 + N1 + V‐起来 + AP"格式中的 N1 和 N2。因为话题是语段概念，它可以统领后续的小句。所以，我们认为，从句法结构的角度看，在及物式评价性V‐起来句中，N1 和 N2 分别是动词的外部论元和内部论元，外部论元实现为句子的主语，内部论元实现为句子的宾语；从信息结构的角度看，已知信息是背景，新信息是焦点。一般情况下，句子的主语提供的是已知信息，谓语提供新信息。为了强调主语，使主语传递的信息成为句子的焦点，处于宾语位置的论元 N2 通过话题化规则，从句中移出并提升至句首，这样，N2 成为句子的话题，"N1 + V‐起来 + AP"成为句子的述题。在信息结构中，话题传递的是旧信息，而述题是传递的是新信息，述题才是信息结构的重点，是说话人关注的焦点。通过这样的话题提升处理，"N2 + N1 + V‐起来 + AP"格式以这种非常规的方式处理了及物动词句的论元位置，满足了突出 N1 或表达与 N1 相关信息的目的。

　　由此可见，在及物式评价性V‐起来句的"N2 + N1 + V‐起来 + AP"格式中，谓语动词在句法上是及物动词，N1 和 N2 分别是动词的

第五章 及物式评价性V-起来句的论元实现

外部论元和内部论元,它们通过动词的基本题元栅信息,获得句法实现。在语义上,谓语动词是及物性动词,表达完整的动作事件。在这个句式中及物性的动词获得了及物动词的句法表征。但是,"N2 + N1 + V-起来 + AP"格式的句法语序呈现了非常规性的特点,造成这一情况的主要原因是,句式要突出对主语和主语相关信息的评价。为了达到这一目的,句子中的宾语论元 N2 被话题化处理并提升至句首话题位置,使得主语论元 N1 及其相关信息成为述题,满足了述题传递焦点信息的目的。当然,这样处理的结果是在句法表征上造成了双主语形式。我们以动词"读"为例,具体推导"N2 + N1 + V-起来 + AP"句式的构建过程:

(7) 词条:读

基本题元栅:读([+c+m] [-c-m])

词汇标记:读 ([+c+m]$_1$ [-c-m]$_2$)　　(注:根据词汇规则,在 n 元动词中且 n>1 时,[+]值标记为 1,[-]值标记为 2)

词汇操作:——　　(注:及物动词依据基本题元栅实现论元时,无须特殊的词汇操作)

合并指导:
[+c+m]$_1$ → external argument
[-c-m]$_2$ → internal argument
　　(注:根据合并指导原则,标记为 1 的题元特征丛合并为动词的外部论元,标记为 2 的题元特征丛合并为动词的外部论元)

输出：[＋c＋m] 读 [－c－m]

例：大人 [＋c＋m] 读（起来）《昆虫记十卷》[－c－m] 也趣味盎然

大人读（起来）《昆虫记十卷》也趣味盎然。

句法核查：题元系统输出的信息符合句法规则，无须特别核查。

信息结构：大人//读（起来）《昆虫记十卷》也趣味盎然

句式：N1＋V起来＋N2＋AP

主语：大人（已知信息）

谓语：读（起来）《昆虫记十卷》也趣味盎然（新信息）

话题化处理：《昆虫记十卷》// 大人读（起来）也趣味盎然。

句式：N2＋N1＋V起来＋AP

话题：《昆虫记十卷》（已知信息）

述题：大人读起来也趣味盎然（新信息）

以上虽然呈现的是相关单音节及物动词的论元在 N2＋N1＋V-起来＋AP 格式中的实现步骤，本节所涉及的双音节及物动词（参看表 5-2）的核心论元在评价性V-起来句该格式中的实现过程与单音节及物动词并无任何不同，所以本章不再赘述推导相关双音节及物动词的论元实现过程。

三 双音节动词的特殊问题

及物式评价性V-起来句有"N1＋V起N2来＋AP"和"N2＋N1＋V-起来＋AP"两种格式，如果从单音节动词的角度看，许多动词（如"吃、穿、做、读、讲"等）两种格式都适用，似乎可以推出这样的结论：在及物式V-起来句的两种格式可以交替使用，而且有的文献也支持这种解释（熊仲儒，2014）。但是，如果从双音节动词的角度看，情况就发生了变化，首先在关于"N1＋V起N2来＋AP"格式的语料检索中，我们未发现任何双音节动词可以进入该句式的情况。为了证实检索的结果的有效性，我们又通过北语汉语在线语料库（BCC）和国家语委现代汉语语料库进行了检测，与CCL的结果一致。这说明，及物式评价性V-起来句的两种格式的交替使用是有条件的，首先被排除的就是双音节及物动词。双音节及物动词在"N2＋N1＋V起来＋AP"格式的表现是正常的，及物性动词实现了及物动词的句法表征（见表5-2）。由此可以说明，是"N1＋V起N2来＋AP"格式的某种限制阻止了双音节及物动词进入该句式。从"N1＋V起N2来＋AP"格式的构句过程看，最基础的部分是V与N构成的动宾动词词组。能够进入"V起N来"分裂格式中的动宾动词词组必须同时满足以下条件：条件一，它必须是动宾结构的"形可拆、意不可分"的动词词组，如动词"吃饭"，从结构上看它是V＋N（吃＋饭）型词组，从语义上看，词组表达的是单个的、固定的、整体的意义（吃饭＝吃）。因此，在某种程度上，它具有汉语动宾型离合词的特征。所以，"吃饭"的动宾结构表达的就是"吃"的概念语义，句式评价的也是关于"吃"的事件。条件二，进入句式的动宾动词词组在语义上必须与"起来"状态义的突出特征"持续性"和"动态性"兼容，否则即便是满足条件一，也无法通过条件二的筛查。以"跳舞"为例，首先它是符合条件一的动宾动词词组，"跳舞"的词汇语义有动态性特征，因为它描述的是具体的行为动作，而且是受动作开启者（施事）控制的动作，动作一旦开启，在没有其他句法手段干涉的情况下，动词所表达的行为可以持续下去，满足"持续性"的要求。由此也可以解释同样符合条件一的动词"结业"无法进入本句式的原因。因为"结业"表达的是瞬间性动作，瞬间性动作具有完结性，与持续性特征的要求冲突，所以"结业"这样的"形可拆、意不可分"

的动宾动词词组依然无法进入"V起N来"格式，当然也无法构建起"N1+V起N2来+AP"句式。

参考以上动词进入V起N来格式的限制条件，我们发现能出现在"N2+N1+V起来+AP"格式中的双音节及物动词不适用于"N1+V起N2来+AP"格式。首先，从条件一的要求看，这些及物动词（如"解决、操作、执行、处理"等）都能构成V+N格式的词组。以"解决"为例，根据语料，它经常与"问题、矛盾、冲突、弊端"等抽象名词构成动宾词组，词组可以满足"形可拆"，却达不到"意不可分"的要求，因为在语义上"解决问题"≠"解决"，"解决矛盾"≠"解决"。对于其他动词，情况亦是如此，"操作仪器"≠"操作"，"处理争端"≠"处理"，"执行规定"≠"执行"。如此说来，这些及物动词构成的V+N词组已经具有了句法特征，很难被看做表达单个意义的动词。如果不能满足条件一，不管这些双音节词的词汇语义里是否有"持续性"和"动态性"特征，它们已经被阻挡在V起N来格式之外了。当然，也无法谈到进入句式的问题。这或许就是语料中无法看到双音节动词进入"N1+V起N2来+AP"格式的真正原因。所以，双音节动词无法实现两种句式交替的真正原因依然在动词，尤其是动词的语义限制。这一现象，从另外一个角度又一次说明了动词是句法的核心，动词语义（词汇语义和事件语义）是影响句法构建、论元实现的关键因素。

本节讨论了及物式评价性V-起来格式二的句法构建过程和论元实现过程。及物动词V的论元N1和N2分别实现为句法主语和句法宾语。但是，这个句法格式的突出特征是双主语形式，它不符合常规的及物动词句表达方式。本研究认为，在本句式中，N2不是主语而是话题。N1是句子的主语，N2是通过强行移位提升至话题位置，以便保证在信息结构上满足与N1相关的信息成为焦点。所以，N2依然是动词论元，只是它在句首位置表示话题，N1是句子的主语论元，它构建述题，传递新信息。另外，可以出现的及物式评价性V-起来句N2+

N1 + V - 起来 + AP 格式中的及物性双音节动词,它们不能表达为N1 + V起N2来 + AP 格式,主语原因在于由这些及物性双音节动词构成的V + N 动宾动词词组无法满足构句所需的"形可拆,意不可分"的条件要求。

小　结

本章主要关注的是及物式评价性V - 起来句的句法构建和论元实现。及物式V - 起来句的两个格式"N1 + V起N2 来 + AP""N2 + N1 + V - 起来 + AP"都呈现出非常规性语序的特征,一个是谓语动词表征为分裂格式,一个是句首双主语格式。因为它们具有特殊的句法构形,所以与及物式评价性V - 起来句相关的具体研究问题都集中在句法构建上。谈到句法构建就离不开动词,尤其是动词的语义特征。在讨论"N1 + V起N2 来 + AP"格式的构句过程中,我们指出,该句式形成的关键因素在动词的"V起N来"格式上,所以我们讨论了怎样的动词可以进入这一格式的问题。通过分析,动词进入"V起N来"格式的限制条件得以呈现。进入V - 起来分裂格式的动词必须满足两个条件:第一,它必须是"形可拆、意不可分"的动宾动词词组;第二,它必须通过"起来"的语义核查,在本句式中"起来"表达状态义,要求所有的动词都必须与"起来"的"持续性、动态性"语义特征兼容。另外,分裂格式本身也从像似性的角度强调了"持续性"特征在本句式中的重要性。最终,"V起N来"分裂格式被打包为一个抽象的非作格性动词。N1是非作格性动词的论元,或者说是非作格性动词事件的论元,它的句法实现是动词事件语义和动词的词汇语义相互协调的结果。所以说,N1 与 N2 论元实现的途径完全不同,非常规的动词分裂格式是 V 的语义与"起来"的语义融合调控的结果。由此看见,"N1 + V起N2 来 + AP"格式的语序并非异常,只是动词论元是分层实现的,所以,句式不应该被视为表征奇特的句子。

对于"N2 + N1 + V – 起来 + AP"格式而言,它的句法构建问题集中在了如何解释 N1 和 N2 并列句首,并且它们的排列顺序违反常规的主—谓—宾句法顺序和常规的施—动—受语义顺序。通过对动词的分析,我们认为本句式依然是由及物动词 V 构建的双论元句式,而且在论元实现的过程中没有任何违反常规的操作。基于及物动词的基本题元栅信息,动词的施事性题元特征合并动词外部论元并实现为句法主语,动词的客体性题元特征合并动词的内部论元并实现为句法宾语。导致 N1 和 N2 并列出现在句首并呈现出非常规的双主语形式的真正原因不是句法问题,而是信息传递的问题。为了突出表达 N1 以及与 N1 相关的信息,N2 被强制移位并提升至句首话题位置,以此确保话题和述题分别负责传递旧信息与新信息的规定。这样,N2 承担了已知信息的表达,N1 以及与 N1 相关的信息则作为述题成为信息的焦点。所以说,"N2 + N1 + V – 起来 + AP"格式是为了凸显述题信息而对句式进行了特殊处理的结果。对比"N1 + V 起 N2 来 + AP"格式,从句法构建的角度看,"N2 + N1 + V – 起来 + AP"格式的非常规性更明显。

除了"N1 + V 起 N2 来 + AP"格式和"N2 + N1 + V – 起来 + AP"格式的句法构建问题,本章还发现了一个与文献结论不同的语言现象。文献中认可及物式评价性 V – 起来句这两个格式可以交替。但是,我们发现只有部分单音节动词允准这样的交替现象,对于双音节及物动词动词而言,它们只能出现在"N2 + N1 + V – 起来 + AP"中,没有任何语料库数据支持它们可以交替出现在"N1 + V 起 N2 来 + AP"中。通过分析,我们认为,造成这一现象的根本原因依然是动词问题。"N1 + V 起 N2 来 + AP"格式的核心是"V 起 N 来"分裂格式,只有先满足了动词的分裂格式,才能谈句式的构建。但是,出现在"N2 + N1 + V – 起来 + AP"格式的双音节及物动词都无法满足进入 V 起 N 来格式的条件,尤其是它们不能满足"形可拆、意不可分"的动宾动词词组的条件。由于双音节动词构建的动宾词组已经具有了句法特征,很难保证语义不可拆分,所以它们被阻止在了"V 起 N 来"格式之外,最终导致它们无法构建"N1 + V 起 N2 来 + AP"格式的句子。这样,双音节及物动词在及物式评价性V-起来句中不允许两种格式的交替。

结　　语

　　评价性V－起来句是汉语中的常用句式，它表现出的诸多非常规句法语义对应关系使得汉语评价性V－起来句受到学界的关注。传统句法研究只关注了V－起来结构，尤其是"起来"作为趋向补语的用法和意义，但是，这些研究成果没有与句式联系在一起；认知语法学派多将它视为汉语的中动句，并以此作为研究路径，从典型性范畴、转喻机制、认知视角、凸显和识解等方面解释汉语中动句的认知机制。生成学派的部分研究者关注的是句式中V起来和AP之间的谓词之争。本研究认为，评价性V－起来句突出的特点是非常规论元结构，所以，本研究以论元实现为落点，通过推导动词论元实现的过程，解析汉语评价性V－起来句式表现出的句法语义关系。

　　汉语评价性V－起来句有不及物式和及物式两种类型，又可细分为"N＋V－起来＋AP"格式、"N1＋V起N2来＋AP"格式、"N2＋N1＋V－起来＋AP"格式以及"V－起来，N＋　＋AP"格式四种格式。每种格式涉及的动词类别不同，构建了不同的动词语义关系。所以，它们在论元实现和句式构建上有着完全不同的特点，关涉着不同的论元实现问题。对不及物式"N＋V－起来＋AP"格式的评价句而言，它在论元实现中所呈现的最突出问题是谓语动词的同形异质。从句法特征看，进入这一句式的所有动词都是不及物动词，统一表现为无动词宾语；从语义特征看，进入这一句式动词有的是非作格性动词，有的是及物性动词，有的是作格性动词，这些动词在同一句式中构建了完全不同句法语义关系。因此，亟待解决的问题是解释如何构将"异质"的动词统一在"同形"中。"N1 + V 起 N2 来 + AP"格式和"N2 + N1 + V – 起来 + AP"格式都是及物式评价性 V – 起来句的句法表征方式，它们在论元实现中共同的特点是语序的非常规性。句子要么以 V – 起来分裂格式处理 N1 和 N2 的分布，表现出句法语序的非常规性；要么 N1 和 N2 以双主语的形式构建句子，表现出语义语序的非常规性。因此，必须解释的问题是动词如何构建了这样形义不匹配的句子，以及由非常规语序引起的汉语主语句和主题句的判断问题。至于不及物式"V – 起来，N + AP"格式，虽然它涉及的动词类别单一，相关动词数量有限，但它引发了句子谓词之争并带来了非动词论元的句法实现问题。汉语评价性 V – 起来句的论元实现问题在表现上是汉语专属问题，在本质上，它们依然涉及一词多义、动词交替、非核心论元占据句法主、宾语位置、形义错配等论元实现中的共性问题。

本研究基于题元系统理论，通过解析汉语评价性 V – 起来句的论元实现过程，旨在为汉语句法中的论元实现所涉及的问题提供合理的解决方案，为探讨汉语句法语义之间的对应关系提供新的研究思路。

有价值的论元实现理论不仅要具有解释性和说明性，更要有操作性。鉴于此，本研究尝试采用 Reinhart（2000、2002）提出的题元系统理论来解析我们提出的汉语评价性 V – 起来句的论元实现问题。题元系统理论是生成语法学派中基于最简原则设计的特征驱动句法分析模型。Reinhart 坚持词库在句法研究中的重要性，坚持语法概念系统的模块化观点。基于此，她提出语法系统包括概念系统、计算系统（句法系统）、语义推理系统、语用系统、音形感知系统等模块，而且所有的系统既独立又关联。题元系统是概念系统的中心系统，也是概念系统与计算系统的接口，论元实现基本上是在题元系统中成型的。为了更好地阐释论元实现过程，她设计了从题元信息编码、题元栅操作（词汇操作）、合并原则指导、到题元信息输出、句法系统核查等一系列步骤。为了解释论元实现多变性和灵活性的表现，她提出了题元栅信息可调控、调变和修改的观点。题元系统理论在论元实现问题上的可操作性和可预测性，是该理论的最大优势。除此之外，题元系统作为操作系统的优势还体现以下三个方面：第一，Reinhart 采用了题元特征丛的方式对题元进行形式化描述，这种基于排列组合方式的题元特征丛编码既实现了用统一的、普遍的、有效的手段进行句法分析的理念，又符合"有限手段，无限运用"的思想。第二，题元系统的题元特征丛方法不仅避开了题元角色难以确定的困扰，词汇操作、词汇标记、合并指导原则的联合运用更是解决了题元层级可能带来的问题。第三，动词的基础题元栅和派生题元栅之间的动态变化，为动词论元在其语义限定范围内的灵活实现提供了技术的保证。

但是，题元系统理论却未对与题元操作相关的动词内在关联性做出明确的说明。这一点非常重要，如果没有关于动词之间内在的相关性的解释，那么题元栅的调控和修正的可行性就缺乏了理论依据。另外，题元栅操作显然是以及物动词的题元栅作为基础题元栅进行派生操作的，那么必须就及物动词的基础性地位给予合理的解释。为了能够有效保障题元系统操作的可行性，必须要先厘清不同类别动词之间的关系，但是，仅依靠动词本身的词汇语义特征即题元栅信息，忽略了动词在句子中构建的语义关系，很难准确地描述和确定动词类别，更无法解释动词论元实现的灵活性。动词和动词论元一起构建的句法关系实际上说明，动词论元的句法实现是动词词汇意义和事件意义共同作用的结果。本研究参考 UML 类图的一般规范，提出了动词事件转换模型，并对及物性、致使性、非作格性、作格性之间的内部关联关系以类图的方式进行了描写和解读。及物性事件、致使性事件和作格性事件之间的关联性是继承关系，及物性事件是致使性事件的基类，致使性事件则成为了作格性事件的基类，三类事件的关系可以描述为，作格性事件 IS – A 致使事件，致使性事件 IS – A 及物性事件，作格性事件 IS – A 及物性事件。这种事件的相互继承关系明确了作格动词具有及物性语义特征的事实，同时也解释了动词及物性—作格性交替的可能性。及物性与非作格性之间是整体和部分的关系，当及物性事件仅需表达动作的启动和触发，或者仅需描述事件的状态，不关涉事件的过程、影响和结果时，及物性语义被部分识解，通过减元操作可以使其表达为非作格性语义特征；理论上反向操作亦可，只是操作手段由减元变为了增元。这样，部分动词的及物—非作格交替现象就可以获得解释。本研究构建的动词事件转换模型，既明确了动词类别的确定，厘清了动词的及物性、致使性、作格性、非作格性之间的内在关系，解释了动词事件语义之间转换的可能性，同时也为 Reinhart 的题元操作的可行性提供了一定的理据。

通过题元系统的动词题元编码、词汇操作、词汇标记等具体操作手段的运用，我们对相关动词的论元实现过程进行了推导，对评价性 V–起来句反映出的具体论元实现问题做出了解释。研究发现：

（1）在"N + V –起来 + AP"格式的句子中，有的动词语义特征相对简单，根据基本题元栅信息就可以推导论元实现的过程；有的动词语义特征具有变化性，需要通过词汇操作手段修改基本题元栅信息，并基于派生题元栅推导论元实现的过程；有的动词构建能力较强，可以允许非核心论元进入的评价性V–起来句中。在推导论元句法实现的过程中，我们已经解释了一词多义、动词交替的等语法现象。题元栅信息的可变化性说明，动词事件语义对动词词汇语义的可调节性导致了动词题元栅的变化，进而影响了动词的论元实现。所以，本句式中动词同形异质的根本原因是动词语义的可变性。

（2）对于非常规语序句式的论元实现问题而言，"N1 + V 起 N2 来 + AP"格式和"N2 + N1 + V –起来 + AP"格式两种及物式评价句论元实现的情况并不相同。在"N1 + V 起 N2 来 + AP"格式中，N1 与 N2 论元实现的途径完全不同，非常规的动词分裂格式"V 起 N 来"是 V 的语义与"起来"的状态义融合调控的结果。动词 V 的论元 N2 是在"V 起 N 来"构建的过程中实现的。VN 动宾动词词组与"起来"的状态义协调兼容形成分裂格式"V 起 N 来"，在这个过程中，VN 动宾动词词组必须满足"形可拆,意不可分"的限制条件,因此 N2 是 VN 动宾动词词组的重要部分。而 N1 是打包的谓语动词"V 起 N2 来"的论元,此时的谓语动词表达的是非作格动词事件。由此看见,"N1 + V 起 N2 来 + AP"格式的语序并非异常,特别之处是 N2 是 V 的论元,而 N1 却是"V 起 N 来"的论元,由此导致了看上去表征非常规的句子。在"N2 + N1 + V – 起来 + AP"格式中,导致 N1 和 N2 并列出现在句首并呈现出非常规的双主语形式的真正原因不是句法本身的问题,而是信息传递过程导致的问题。为了突出表达 N1 以及与 N1 相关的信息,N2 被强制移位并提升至句首话题位置,以此保证了话题和述题分别负责传递旧信息与新信息的规定,这样 N2 承担了已知信息的表达,N1 以及与 N1 相关的信息则作为述题成为信息的焦点。所以说,"N2 + N1 + V – 起来 + AP"格式是特殊处理的结果。对比"N1 + V 起 N2 来 + AP"格式,从句法构建的角度看,"N2 + N1 + V – 起来 + AP"格式的非常规性更高。

(3) 在不及物式"V – 起来,N + AP"格式中,由于 V – 起来的可移动性,导致了感觉类动词的评价性 V – 起来句的谓语动词之争。我们认为,V – 起来移动与否不但改变了句式结构,也改变了动词的语义关系,所以这个句式的论元实现情况应该分开考察。当 V – 起来在句中位置固定时,句子依然是动词谓语句,N 是 V – 起来的论元,表示在 V – 起来的时候,N 的特征属性 AP 才能凸显出来;当 V – 起来移出句子,表现为句首插入语时,句子是以 AP 为谓词的形容词谓语句,N 是 AP 的论元。我们强调不能因为 V – 起来的位置灵活性而模糊了"看、听"作为感觉动词和"看起来、听起来"作为凝固短语的区别。"看、听"作为感觉动词构建的是不及物式评价性 V – 起来句;"看起来、听起来"作为凝固短语构建的是形容词式评价性 V – 起来句,它们的论元实现过程根本不同。虽然在汉语中形容词可以做谓词,可以有论元,但是它毕竟与动词不同,它的论元实现方式不可能完全复制动词谓语句的过程和手段。显然题元系统理论的推导操作程序不能直接用于汉语的这个句式。本研究借鉴题元系统理论以特征值定义题元的方法，根据形容词的特征属性，以生命属性 a（animacy）和界性 t（telic）对形容词的语义特征进行了编码和说明，从语义兼容和语义选择的角度，描述了论元 N 在形容词谓语句中的实现过程。特别强调在 N 的论元实现过程中起关键作用的是 AP 的句法语义特征。所以，当 AP 的词汇语义特征不满足其句法语义要求时，需要借助词汇手段和语法手段调整 N 与 AP 的特征值，最终构建符合汉语语法规范的形容词式评价性 V – 起来句。从某种程度上说，这是本研究基于汉语具体研究问题对题元系统句法分析模型的尝试性拓展。

事实证明，题元系统理论对汉语论元实现问题有一定的解释力，而且题元系统突出的可操作性特征使得论元实现的过程非常直观，而且题元系统的题元编码方式和操作方式也符合"有限手段无限运用"的原则。通过对本研究具体问题的分析，题元系统为解决汉语论元实现问题提供了有新意的解决方案，为探讨汉语句法语义对应关系提供了新思路。

虽然本研究的具体问题基于题元系统理论得到了合理的说明，但是对汉语论元实现问题的探讨和汉语句法分析中动词语义和句法结构对应关系的研究尚有诸多未解现象和问题。本研究通过对汉语特定句式中反映出的具体论元实现问题的分析，证明了题元系统对汉语句法问题具有一定的阐释力。但是，任何一种理论模型既有自身的优点，也有不可克服的缺陷。正如朱佳蕾、胡建华（2015）所指出的，对于汉语这种论元实现具有很大灵活性的语言，题元系统的解释力还需在今后的研究中进一步探讨。借鉴西语的理论研究汉语问题是可以尝试的路径，但是，必须避免完全照搬和复制，针对汉语本身的语言特征对西语理论进行再讨论并给予合适的修正是可行的研究理念。另外，本研究在探讨汉语论元实现问题时，只是聚焦了句法和语义的关系。其实，句法分析，尤其是论元实现问题，也关涉语用和句法的接口、语用和语义的接口。因此，在后续的相关研究中，或许可以将语用纳入句法分析的研究体系，为句法分析提供更为全面的考量和解决方案。

参考文献

中文文献

（一）中文著作

陈嘉映（译）：《哲学中的语言学》，华夏出版社2002年版。

丁声树：《现代汉语语法讲话》，商务印书馆1961年版。

房玉清：《实用汉语语法（修订本）》，北京大学出版社2001年版。

刘月华：《趋向补语通释》，北京语言文化大学出版社1998年版。

刘月华等：《实用现代汉语语法》，商务印书馆2004年版。

吕叔湘：《现代汉语八百词》，商务印书馆1980年版。

吕叔湘：《中国文法要略》，商务印书馆1982年版。

孟琮等：《动词用法词典》，上海辞书出版社1987年版。

宋国明：《句法理论概要》，中国社会科学出版社1997年版。

王力：《中国现代语法》，中华书局1954年版。

熊仲儒：《论元结构与汉语构式》，安徽师范大学出版社2014年版。

徐烈炯、刘丹青：《话题的结构与功能》，上海教育出版社1998年版。

杨庆蕙：《现代汉语离合词用法词典》，北京师范大学出版社1995年版。

中国社会科学院语言研究所词典编辑室：《现代汉语词典（第七版）》，商务印书馆2019年版。

朱德熙：《现代汉语形容词研究》，《朱德熙文集（第二卷）：汉语语法论文》，商务印书馆1999年版。

(二) 中文期刊

曹逢甫：《汉语的提升动词》，《中国语文》1996 年第 3 期。

曹宏：《论中动结构的层次关系和语法关系》，《语言教学与研究》2004 年第 5 期。

曹宏：《论中动结构的语义表达特点》，《中国语文》2005 年第 3 期。

曹宏：《论中动结构对动词形容词的选择限制及其理据》，《语言科学》2004 年第 1 期。

曹宏：《论中动句的句法结构特点》，《世界汉语教学》2004 年第 3 期。

曹宏：《中动句的语用特点及教学建议》，《汉语学习》2005 年第 5 期。

程星华、董晓云：《中间语态句的隐性施事》，《上海大学学报》2004 年第 5 期。

戴曼纯：《中动结构的句法特征》，《外语学刊》2001 年第 4 期。

豆涛、邵志洪：《英汉中动结构对比及其认知阐释》，《西安外国语大学学报》2010 年第 1 期。

范晓：《关于"施事"》，《汉语学习》2008 年第 2 期。

范晓：《关于汉语的语序问题（二）》，《汉语学习》2001 年第 6 期。

范晓：《关于汉语的语序问题（一）》，《汉语学习》2001 年第 5 期。

高兴刚：《空算子与中间结构》，《现代外语》2000 年第 2 期。

高兴刚：《英语中间结构辨析》，《广州大学学报》（综合版）2001 年第 7 期。

高秀雪：《再谈汉语中动结构的界定》，《现代语文》（语言研究版）2011 年第 4 期。

古川裕：《现代汉语的"中动语态"句式》，《汉语学报》2005 年第 2 期。

韩景泉：《英语中间结构的生成》，《外语教学与研究》2003 年第 3 期。

韩景泉、何建珍：《评高兴刚的中间结构分析》，《解放军外国语学院学报》2004 年第 1 期。

何文忠：《中动构句条件》，《外语教学》2007 年第 2 期。

何文忠：《中动构句选择限制的认知阐释》，《外语研究》2007 年第 1 期。

何文忠：《中动结构的界定》，《外语教学》2005 年第 4 期。

何晓炜、钟蓝梅：《最简方案下英汉中动结构的生成研究》，《现代外语》2012 年第 2 期。

姜孟：《句法自治：争鸣与证据》，《外国语文》2009 年第 3 期。

李炎燕：《英汉中动构式的认知视角》，《外语教育》2011 年第 1 期。

沈家煊：《"有界"与"无界"》，《中国语文》1995 年第 5 期。

沈家煊：《词类的类型学和汉语的词类》，《当代语言学》2015 年第 2 期。

司惠文：《汉语中间结构与几类形似结构的区分》，《文教资料》2008 年第 3 期。

司惠文、余光武：《英语中间结构句法致使生成研究》，《现代外语》2005 年第 1 期。

宋红梅：《"V 起来"句作为有形态标记的话题句》，《外语研究》2008 年第 5 期。

宋玉柱：《说"起来"及与之相关的一种句式》，《语言教学与研究》1980 年第 1 期。

孙天琦：《现代汉语宾语选择问题研究评述》，《汉语学习》2011 年第 3 期。

孙天琦、李亚非：《汉语非核心论元允准结构初探》，《中国语文》2010 年第 1 期。

王和玉：《中动句及物性的最简句法研究》，《浙江外国语学院学报》2015 年 2 期。

王和玉、温宾利：《评价性"V-起来"句的句法推导》，《外语学刊》

2015 年第 5 期。

许艾明:《关于中动词及物性的思考》,《中南大学学报》(社会科学版) 2004 年第 5 期。

许艾明:《中动构式的转喻阐释》,《外语与外语教学》2005 年第 9 期。

严辰松:《汉语没有中动结构》,《解放军外国语学院学报》2011 年第 5 期。

杨佑文:《英语中动结构:典型与非典型》,《解放军外国语学院学报》2011 年第 4 期。

殷树林:《"NP(对象) + (状) + V 起来 + AP"格式的句法构造》,《语言科学》2006 年第 2 期。

殷树林:《"NP(对象) + (状) + V 起来 + AP"格式与英语中动结构的比较》,《语言教学与研究》2006 年第 1 期。

余光武、司惠文:《汉语中间结构的界定:兼论 NP + V 起来 + AP 句式的分化》,《语言研究》2008 年第 1 期。

袁毓林:《论元角色的层级关系和语义特征》,《世界汉语教学》2002 年第 3 期。

张伯江:《汉语形容词作谓语问题》,《世界汉语教学》2011 年第 1 期。

张宜生:《"看起来"与"看上去":兼论动趋式短语词汇的机制与动因》,《世界汉语教学》2006 年第 3 期。

周晓言、高腾:《最简方案下的中间结构生成分析》,《外国语言文学研究》2007 年第 1 期。

朱佳蕾、胡建华:《概念—句法接口处的题元系统》,《当代语言学》2015 年第 1 期。

(三) 学位论文

付岩:《英汉中动构式的句法语义对比研究》,博士学位论文,复旦大学,2012 年。

何文忠：《中动结构的认知阐释》，博士学位论文，上海外国语大学，2004年。

南潮：《受事宾语提升的最简主义研究》，博士论文，中南大学，2012年。

孙翠兰：《基于语料库的英汉中结构对比》，博士学位论文，山东大学，2014年。

外文文献

（一）外文著作

Baker, M. C., *Incorporation*: *A Theory of Grammatical Function Changing*, Chicago: University of Chicago Press, 1988.

Borer, H., *Structuring Sense* 1: *In Name Only*, Oxford: Oxford University Press, 2005.

Borer, H., *Structuring Sense* 2: *The Normal Course of Events*, Oxford: Oxford University Press, 2005.

Borer, H. *Structuring Sense* 3: *Taking Form*, Oxford: Oxford University Press, 2013.

Burzio, L. *Italian Syntax*: *A Government-Binding Approach*, Dordrecht: Reidel, 1986.

Bussmann, H. *Routlede Dictionary of Language and Linguistics*, Routledge, 1996.

Chierchia, G., *A Semantics for Unaccusatives and its Syntactic Consequences*, MS Thesis. Cornell University, Ithaca, N.Y., 1989.

Chomsky, N., *Aspects of the Theory of Syntax*, Cambridge, MA: MIT Press, 1965.

Chomsky, N., *Knowledge of Language*: *Its Nature, Origins, and Use*, New York: Praeger, 1986.

Chomsky, N., *Lectures on Government and Binding*, Dordrecht: Foris, 1981.

Chomsky, N., *Minimalist Program*, Cambridge, MA: MIT Press, 1995.

Collins, C., *Local Economy*, Cmabridge, MA: MIT Press, 1997.

Croft, W., *Syntactic Categories and Grammatical Relations*, Chicago, IL: University of Chicago Press, 1991.

Croft, W., *Verbs: Aspect and Causal Structure*, Oxford: Oxford University Press, 2012.

Dixon, R. M. W. & Y. A. Alexandra (ed.), *Changing Valency: Case Studies in Transitivity*, Cambridge: Cambridge University Press, 2000.

Dixon, R. M. W., *Ergativity*, Cambridge: Cambridge University Press, 1994.

Dotwy, D. R., *Word Meaning and Montague Grammar*, Dordrecht: Reidel. 1979.

Fodor, J. A., *The Modularity of Mind: an Essay on Faculty Psychology*, Cambridge, MA: MIT Press, 1983.

Goldberg, A. E., *Constructions at Work: The Nature of Generalization in Language*, Oxford: Oxford University Press, 2006.

Goldberg, A. E., *Constructions: A Construction Grammar Approach to Argument Structure*, Chicago: The University of Chicago Press, 1995.

Grimshaw, J., *Argument Structure*, Cambridge MA: MIT Press, 1990.

Grimshaw, J., *Semantic Structure and Semantic Content in Lexical Representation*, Unpublished Ms. Rutgers University, New Brunswick, NJ, 1993.

Gruber, J. S., *Studies in Lexical Relations*, PhD Dissertation, Cambridge MA: MIT Press, 1965.

Hale, K. & S. J. Keyser, *Prolegomenon to a Theory of Argument Structure*, Cambridge, MA: MIT Press, 2002.

Hornstein, N., *A Theory of Syntax: Minimal Operations and Universal Grammar*, Cambridge: Cambridge University Press, 2009.

Hornstein, N., *Move! A Minimalist Approach to Construal*, Oxford:

Blackwell, 2001.

Huang, C.-T. J., Y.-H. A. Li & Y. Li, *The Syntax of Chinese*, Beijing: World Publishing Corporation, 2013.

Jackendoff, R., *Foundations of Language*, Oxford: Oxford Univeristy Press, 2002.

Jackendoff, R., *Semantic Interpretation in Generative Grammar*, Cambridge MA: MIT Press, 1972.

Jackendoff, R., *Semantic Structure*, Cambridge MA: MIT Press, 1990.

Ji Xiaoling, *The Middle Construction in English and Chinese*, MA Thesis, The Chinese University of Hong Kong, 1995.

Lakoff, G. & M. Johnson, *Philosophy in the Flesh: The embodied mind and its challenge to western thoughts*, Basic Books, 1997.

Langacker, R. W., *Cognitive Grammar: A Basic Introduction*, Oxford: Oxford University Press, 2008.

Langacker, R. W., *Foundations of Cognitive Grammar (volume I): Theoretical Prerequisties*, Beijing: Peking University Press, 2004.

Langacker, R. W., *Foundations of Cognitive Grammar (volume II): Descriptive Application*, Beijing: Peking University Press, 2004.

Levin, B. & C. Tenny (eds.), *On Liking Papers by Richard Cater*, Cambridge, MA: Centre for Cognitive Science, 1988.

Levin, B. & M., Rappaport Hovav. *Argument Realization*, Cambridge: Cambridge University Press, 2005.

Levin, B. & M. Rappaport Hovav, *Unaccusativity: At the Syntax-Lexical Semantics Interface*, Cambridge, MA: MIT Press, 1995.

Lumsden, M., *Existential Sentences: Their Structures and Meaning*, London: Crown Helm, 1988.

Marelj, M., *Middles and argument structure across languages*, PhD Dissertation, University of Utrecht, 2004.

Nunes, J., *Linearization of Chains and Sideward Movement*, Cambridge, MA: MIT Press, 2004.

Pylkkänen, L., *Introducing Arguments*, Cambridge, MA: MIT Press, 2008.

Quine, W. V. O., *Word and Object*, Cambridge MA: MIT Press, 1960.

Ramchand, G. C., *Aspect and Predication*, Oxford: Clarendon Press, 1997.

Ramchand, G. C., *Verb Meaning and the Lexicon: A First-Phase Synta*, Cambridge: Cambridge University Press, 2008.

Reinhart, T., *Concepts, Syntax and Their Interface: the Theta System*, (M. Everaert, M. Marelj & E. Reuland eds.). Cambridge, MA: MIT Press, 2016.

Reinhart, T., *The theta system: Syntactic realization of verbal concepts*, OTS Working papers in Linguistics, University of Utrecht, Utrecht, the Netherlands, 2000.

Roberts, I., *The Representation of Implicit and Dethematized Subjects*, Dowdretcht: Foris, 1987.

Sung, K., *Case Assignment under Incorporation*, PhD Dissertation, University of California at Los Angeles, 1994.

van Voorst, J., *Event Structure*, Amsterdam /Philadelphia: John Benjamins, 1988.

(二) 外文文章

Bach, E., "The algebra of events", *Linguistics and Philosophy*, No. 9, 1986.

Belletti, A. & L. Rizzi, "Psych-verbs and θ-theory", *Natural Language and Linguistic Theory*, Vol. 6, No. 3, 1998.

Borer, H., "Exo-skeletal vs. Endo-skeletal Explanations: Syntactic Projections and the Lexicon". In J. Moore & M. Polinsky. (eds.) *The*

Nature of Explanation in Linguistic Theory, Stanford, CA: CSLI Publications, Center for the Study of Language and Information, 2003.

Borer, H., "The Grammar Machine", In A. Alexiadou, E. Anagnostopoulou & M. Everaert, (eds.). *The Unaccusativity Puzzle*, Oxford: Oxford University Press, 2003.

Borer, H., "The projection of arguments", In E. Benedicto & J. Runner. (eds.). *Functional Projections*, Amherst, MA: GLSA., 1994.

Bresnan, J. & J. Kanerva, "Locative inversion in Chichewa: A case study of factorization in Grammar", *Linguistic Inquiry*, Vol. 20, No. 1, 1989.

Cater, R., "Some linking regularities", In B. Levin & C. Tenny (eds.). *On Liking Papers by Richard Cater*, Cambridge, MA: Centre for Cognitive Science. MIT, 1988.

Croft, W., "Lexical rules vs. constructions: a false dichotomy", In H. Cuyckens, T. Berg, R. Dirven & K. Panther (eds.). *Motivation in Language: Studies in Honor of Günter Radden*, Amsterdam: John Benjamins, 2003.

Davidse, K., "Transitivity/ergativity: The Janus-headed grammar of actions and events", In D. Martin & R. Louise (eds.). *Advances in Systemic Linguistics*, London: Printer Publishers, 1992.

Davidson, D. "Truth and Meaning", *Synthese*, No. 17, 1967.

Delancey, S., "Agentivity and Syntax", In *Papers from the Parasession on Causatives and Agentivity*, Chicago Linguistic Society, Chicago, 1985.

Dotwy, D. R., "Thematic proto-roles and argument selection", *Language*, Vol. 67, No. 3, 1991.

Fillmor, C. J., "Some Problems in case grammar", In R. J O'Brien (ed.). *Report of the 22nd Annual Roundtable Meeting on Linguistics and Language Studies*, Washington D. C.: Georgetown University Press, 1971.

Fillmore, C. J., "The case for case", In E. Bach & R. T. Harms (eds.).

Universals in Linguistic Theory, New York: Holt, Rinehart & Winston, 1968.

Hale, K. & S. J. Keyser, "The Basic Elements of Argument Structure", *MIT Working Papers in Linguistics* 32, *Department of Linguistics and Philosophy*, MIT, Cambridge, MA., 1998.

Halle, M. & A. Marantz, "Distributed morphology and the pieces of inflection", In K. Hale & S. J. Keyser (eds.). *The View from Building 20: Essays in Linguistics in honor of Sylvain Bromberger*, Cambridge, MA.: MIT Press, 1993.

Hallman, P., "Symmetry in structure building", *Syntax*, No. 7, 2004.

Hopper, P. J. & S. A. Thompson, "Transitivity in grammar and discourse, *Language*", Vol. 56, No. 2, 1980.

Horvath, J. & T. Siloni, "Against the little-v hypothesis", *Rivista di Grammatica Generativa*, No. 27, 2002.

Jackendoff, R., "The status of thematic relations in linguistic theory", *Linguistic Inquiry*, No. 18, 1987.

Keyser, S. J. & T. Roeper, "On the middle and ergative construction in English", *Linguistic Inquiry*, Vol. 15, No. 3, 1984.

Kratzer, A., "Severing the external argument form its verb", In J. Rooryck & L. Zaring (eds.), *Phrase Structure and the Lexicon*, Dordrecht: Kluwer, 1996.

Larson, R., "On the double object construction", *Linguistic Inquiry*, Vol. 19, No. 3, 1988.

Levin, B. & M. Rappaport Hovav, "Two Structures for Compositionally Derived Events", *SALT*, No. 9, 1999.

Levin, B., "The middle construction and ergativity", *Lingua*, Vol. 71, No. 1, 1987.

Montague, R., "On the nature of certainphilosophical entities", *The Mon-*

ist, No. 35, 1969.

Nunes, J., "Sideward movement", *Linguistic Inquiry*, Vol. 32, No. 2, 2001.

Perlumutter, D. M., "Impersonal passives and the unaccusative hypothesis", In Jeager et al. (eds.). *Proceedings of the Forth Annual Meeting of the Berkeley Linguistic Society*, Berkeley CA: Berkeley Linguistic Society, 1978.

Pustejovsky, J., "The syntax of event structure", *Cognition*, Vol. 41, No. 3, 1991.

Rappaport Hovav, M. & B. Levin, "An event structure account of English resultatives", *Language*, Vol. 77, No. 4, 2001.

Rappaport Hovav, M. & B. Levin, "Building verb meanings", In M. Butt & W. Geuder (eds.). *The Projection of Arguments: Lexical and Compositional Factors*, Stanford, CA: CSLI Publications, Stanford University, 1998.

Rappaport Hovav, M. & B. Levin, "What to Do with Theta-Roles", In W. Wilkins (ed.). *Syntax and Semantics 21: Thematic Relations*, San Diego, CA: Academic Press, 1988.

Reinhart, T & T. Siloni, "Against the unaccusative analysis of reflexives", In A. Alexicadou, E. Anagnostopoulou and M. Everaert (eds.). *The Unaccusativity Puzzle: Explorations of the Syntax-Lexicon Interface*, Oxford: Oxford University Press, 2004.

Reinhart, T & T. Siloni., "The lexicon-syntax parameter: Relfexivization and other arity operations", *Linguistic Inquiry*, No. 36, 2005.

Reinhart, T., "The theta system-an overview", *Theoretical Linguistics*, No. 28, 2002.

Ritter, E. & S. T. Rosen, "Delimiting Events in Syntax", In M. Butt & W. Geuder. (eds.). *The Projection of Arguments: Lexical and Syntactic Constraints*, Stanford, CA: CSLI Publications, Center for the Study of Language and Information, Stanford University, 1998.

Siloni, T., "Active lexicon", *Theoretical Linguistics*, No. 28, 2002.

Stroik, T., "Middles and reflexity", *Linguistic Inquiry*, Vol. 30, No. 1, 1999.

Van Valin, R. D., "Semanticparameters of split intransitivity", *Language*, Vol. 66, No. 2, 1990.

Vendler, Z., "Verbs and Times", *Philosophical Review*, No. 2, Reprinted in Z. Vendler. *Linguistics in Philosophy*, Ithaca, NY: Cornell University Press, 1957.

Vikner, C., "Change in homogeneity in verbal and norminal reference", In C. Bache, et al. (eds.). *Tense, Aspect and Action: Empirical and Theoretical Contributions to Language Typology*, Berlin and New York: Mouton de Gruyter, 1994.

Williams, E., "Argument Structure and Morphology", *The Linguistic Review*, No. 1, 1981.

后　　记

　　本书是在我的博士论文的基础上,通过进一步拓展、充实和完善,最终形成的研究成果。鉴于本人学术视野和学术水平的局限性,疏漏和不确之处在所难免,希望读到此书的专家、学者和同行不吝赐教。

　　在本书完稿之际,以最诚挚的敬意衷心感谢我的恩师四川大学外国语学院石坚教授。从我入学伊始第一份书单的拟定,论文开题之初的选题商讨,到论文撰写阶段的督促指导,论文定稿期间的修改完善,预答辩的全程记录与叮咛,直到我完成博士论文的所有工作,博士学习和研究的每一个阶段都凝结着老师的心血和智慧,都离不开老师的谆谆教诲和悉心教导。石老师用渊博的学识和严谨的治学教会了我如何对待"学术",石老师也用他的耐心、谦和、从容、暖暖的微笑教会了我如何对待"学生"。有幸成为老师语言学方向的最后一名弟子,更有幸在老师的引导下完成了一段学术旅程。同样是教师的我,唯愿在今后的学习和工作中也能成为像恩师那样的治学者和教书人。勤学慎思,明辨笃行,秉弘毅之高躅。

　　在本书出版之际,感谢中国社会科学出版社王茵副总编辑和编辑老师为本书的出版所付出的辛勤劳动。

李睿

2022 年 5 月 2 日于兰州